Áfrika de Deus
III

Brincadeiras de Deus

Tomo I

1ª edição (ano 2006)
2ª reimpressão (ano 2010)

EDITORA AFILIADA

Mensagens dos Mestres para a Nova Era

Visite nossos *sites* na Internet
www.jurua.com.br e
www.editorialjurua.com
e-mail: *editora@jurua.com.br*

ISBN: 85-362-1391-4

 Av. Munhoz da Rocha, 143 – Juvevê – Fone: (41) 3352-3900
Fax: (41) 3252-1311 – CEP: 80.030-475 – Curitiba – Paraná – Brasil

Editor: José Ernani de Carvalho Pacheco

	Lima, Erotildes Rumor de.
L732	Áfrika de Deus III: Brincadeiras de Deus./ Erotildes Rumor de Lima./ 1ª ed. (ano 2006), 2ª reimpr./ Curitiba: Juruá, 2010.
	178p. (Tomo I)
	1. Deus. 2. Literatura devocional. I. Título.

CDD 211
CDU 211.8

Erotildes Rumor de Lima

Áfrika de Deus
III
Brincadeiras de Deus

Tomo I

1ª edição (ano 2006)
2ª reimpressão (ano 2010)

Curitiba
Juruá Editora
2010

" Obrigada companheiros, eu os amo.
O Universo ama a todos por igual.
A evolução depende da sua aceitação.
Deus espera por todos, brincando para que tenham mais vida.
Mas, as brincadeiras do Pai Amor são divinas.
Tenham a certeza que podem alcançá-lo.
Este livro é dedicado a todos vocês que já me ouviram, aos que estão ouvindo e aos que ainda vão me ouvir.
A minha querida família: Iedo, Rubiane, Dasieli, Jonatan.
E, a vocês família espiritual, seres inigualáveis que me acompanham.
Luz para todos, muita luz".

Prefácio

No África de Deus III mais uma novidade, ele será composto por três livros, pois é para que tenham mais tempo para racionalizar o espiritual, para compreenderem os limites ilimitados do ser.

Pensamos ainda que no mundo os limites são os muros da nossa liberdade e, na verdade, esses limites são a força para que quando a alcancemos, saibamos como e o que fazer com ela.

Amigos, companheiros maravilhosos de caminhada, o enlace dos nossos corações formam uma corrente poderosa de luz e é isso que almejamos: luz para todos.

Ler o África de Deus III em três livros dará mais vida em suas vidas, mais coragem diante dos obstáculos, mais amor no viver.

Três em um ou um em três.

Um amarelo.

Um azul.

Um rosa.

O fogo infinito, a chama trina da invocação divina em nossas vidas.

Hoje eu parabenizo todos os que usarem esses ensinamentos para crescer e evoluir.

O crescimento é certo, o evoluir verdadeiro.

Erotildes

"Filhos amados não tenham medo das tempestades, pois elas vêm mesmo que vocês não queiram.

Abram suas portas e deixem a brisa entrar para amainar o calor, para o sol entrar e os aquecer quando estão com frio.

Vocês precisam deixar as portas abertas para não se fecharem dentro de si mesmos. Abram, não importa se inimigos aproveitarem a passagem, pois eles nos ensinam muito.

O amigo é o prazer, um inimigo é o caos, como uma tempestade que vem e que passa. Porém, as lições permanecerão para sempre".

**'O Cristo que mora em mim,
saúda o Cristo que mora em cada um de vocês'.**

Sumário

Saudade 17
Sensibilidade 18
Significados da Luz 19
Capacidades 21
Colheita do ano 23
Conversas 24
Abelhas e formigas 26
O pão e o vinho 27
Confraternização 29
Nasceu Jesus 30
Sublimação 31
Pequenos grandes filhos 33
Eu sou... 35
Celebração de um novo ano 36
Coragem na luz 39
Sementes 41
Mudanças 43
As dores do mundo 46
Ovos de amor 49
Devoção e simplicidade 51
Instinto, razão e emoção 53
Saber... 55
Ao povo curitibano 57
Eu Sou a Fé 59
'O mundo está em perigo' 60
'O mundo está em perigo II' 62

Anjo Apmon 65
Liberem-se 66
Os dois lados 68
Renascimento, renovação 70
Terra Prometida 72
Instrumento da paz 77
Cosmoterapeutas 81
Ponte pênsil 84
Ato 86
Consciência 90
2+2=4 e 3+3=6 e 4+4=8 92
Um Supremo 94
Eu sou um Anjo 96
À perfeição 97
O novo despertar 98
O mundo perfeito 100
Quebrar barreiras 103
O joio e o trigo 105
Poesia, arte e ação 108
Amor e ódio 111
Simetria; simplicidade; sabedoria; conhecimento 114
Imãs 119
Poços 120
Calar 121
Disciplina e iluminação 122
Universificando 124
Marcha de solidariedade e de carinho 126
Flores 127
Representar e apresentar 128
Janela 130
Liberdade 132

Construção	134
Rios	136
'Ser ou não ser, eis a questão'	138
Subir e descer	140
Conhecer-se para compreender	142
Chama da vela	146
Orquestra Divina	148
Iguais, mas diferentes	150
Plantações	152
A natureza divina de cada um	154
4ª dimensão	156
A voz do Uni - verso	158
Mares, campos e cidades de Deus	162
A espessura da moeda	165
Companheirismo, verdade, amor	168
Conselhos para o Paraíso	170
Criação do Incriado Ser	173
Marcas na porta	175
Os servos do Senhor	177

Saudade

"Deixa que eu venha a ti
Deixa que eu fale contigo
Recebe-me com carinho
Pois sou a saudade que sente
Deixa que eu te descubra
Deixa que tu me descubras
Deixa que eu te vele em sonhos
Deixa que teus sonhos velem os meus

Saudade que às vezes tão forte sente
Saudade que tão leve é
No abraço, no sonho, acordado recorda
Aqueles que estão longe de ti.

Saudade é só sentimento
Sentimento que é tudo que temos
Pois saudade é não ter e ficar longe.
Às vezes ter que desistir
Às vezes é querer desistir
Às vezes é o dom supremo do amor
De não ter o amor...

Amados filhos da luz, o que é a saudade?

Procurem hoje compreender a saudade, não deixem de sentir. Do quê ou de quem têm saudade?

Encarem agora de frente esse sentimento, tragam para perto essa lembrança. Não se envergonhem se a lágrima escorrer, pois os sentimentos serão elevados aos pés do Criador.

Procurem ver nesta luz a palavra 'perdão' para aquele ou aquela que se foi.

Aliviar os corações das dores dos amores perdidos, de sonhos que não foram realizados.

Vamos ajudá-los a se sentirem leves dos pesos inúteis que ainda estão carregando.

A saudade pode ajudar e não maltratar, o melhor é pensar livre de preocupações.

Soltem neste momento a dor e fiquem com a alegria de conhecerem e saberem o que é saudade.

Saudade que temos ao nos encontrarmos com vocês que são nossos amados e um sentimento maior, de amor.

Saudade + saudade = amor; que é a solução".

Sensibilidade

"Vocês seres em evolução na Terra são sensíveis, mas isso não pode ser sinônimo de fraqueza.

Não fiquem orgulhosos de chegar a algum lugar e não se sentirem bem, e depois ainda, dizerem aos outros: 'eu sou sensível, capto todas as energias nos lugares aonde vou'. Isso não é bom, é sofrimento desnecessário.

Amados filhos da luz, sensibilidade é poder sentir, muitas vezes ver, mas ficar no anonimato, trabalhando em silêncio para o bem da coletividade. É se sentir forte diante do apelo silencioso de alguém necessitado ou de energias diversas circulando pelos lugares.

Quanto mais disserem mais se programarão para que o mal-estar permaneça tornando-os impotentes para ajudar aos outros e a si mesmos.

Não esqueçam que em muitos casos o seu irmão terreno não comunga dos seus conhecimentos.

Praticidade para a evolução. Não criem barreiras nos caminhos que deverão percorrer.

Alguns são mais sensíveis e frágeis, mas não necessitam chegar na fraqueza ou na vaidade de seus dons.

Sejam sensíveis para poderem sentir as energias sutis nos lugares que freqüentam, nas pessoas e irmãos em evolução.

Fiquem atentos para as sensações e visões que começam a ter dos dons a serem desenvolvidos.

Atentos observadores de tudo!

Ouvindo, vendo e calando para não atrapalharem sozinhos sua caminhada de amor.

Estamos sempre juntos em qualquer momento, sempre haverá alguém perto de vocês, pensando em vocês neste Universo.

Amamos vocês".

Significados da Luz

"Quando pensamos na luz instantaneamente nos vem o sol.

Luz fulgurante
Luz claridade
Luz do dia
Luz de cada lugar
Luz das pessoas
Luz de cada sentimento
Luz maior
Luz menor
Luz de tudo

Luz fulgurante – quando se pode ver a luz em todos os lugares.

Luz claridade – ver a luz para poder compreender quando o sol se põe ou quando nasce; quando está ensolarado ou encoberto.

Luz do dia – sentir, ver; sente-se a luz de acordo com o sentimento. Por exemplo, quando se está feliz, mesmo que o dia esteja nublado a luz se faz presente.

Luz do lugar – depende de onde se encontra. Aqui pode chover, ali fazer sol. Pode-se acender uma lâmpada ou uma vela para clarear melhor.

Luz das pessoas – de acordo com o que cada um é, independe do sentimento que esteja aflorando no momento.

Luz dos sentimentos – luz de amor, luz de paz, luz de luz até a negritude do ódio e da raiva. A transformação acontece de acordo com o sentimento.

Luz maior – o Cristo em cada um.

Luz menor – não compreender o porquê da luz.

Luz de tudo – ser luz em todos os momentos. Saber transmutar sentimentos negativos em positivos, poder ser luz em todos os momentos para seus irmãos. Deixar que sua lágrima caia, e mesmo com ela rolando, conseguir ser luz.

Todo o ser humano possui sua própria luz, e, para que essa luz possa brilhar deve-se sempre burilar os sentimentos.

Amados filhos da luz, para isto são filhos da luz, nasceram nesse mundo, nessa era para lapidar todas as arestas que precisam ser lapidadas, dar o polimento e assim serem os brilhantes que confiamos a Terra, para serem luzes, estrelas a brilhar.

Se a Terra fosse o espaço sideral haveria muitas estrelas de brilho de primeira grandeza e até constelações com muito mais brilho das que hoje existem no céu.

Temos verdadeiras constelações brilhando nesse planeta, mas terão ainda que lapidar muitas arestas, no entanto, pelo querer, pelo amor, já podem brilhar.

Filhos queridos sejam fortes nos momentos de dor, pois essas arestas não são fáceis de aparar.

O crescimento é certo para os que já podem conservar a paz nesses momentos e transmutar as energias negativas em chuvas a lavar o diamante que está sendo lapidado.

Não esqueçam que são estrelas, que estão na Terra sempre a brilhar, não a deixem apagar.

Amamos a todos, constelação de amor.

Muita paz".

Capacidades

"Os homens e mulheres nascidos no planeta Terra têm certos poderes que só nesse nível podemos conhecer.

As leis dessa natureza por vezes são rígidas, outras simples e foram sendo criadas através dos tempos. Objetos, instrumentos para conforto e lazer.

Uma magia que no passado poderia se fazer com a varinha de condão ou com a capacidade mental que um bruxo tinha.

Ao compreenderem e estudarem as nossas mensagens verão que são portas abertas para viverem melhor e voltarem as raízes milenares dos chás de ervas, das cores, das rezas, enfim, de muitos tipos de ciência antiga desconhecidas hoje, mas que com o tempo poderemos ensinar. Dependendo das capacidades intelectuais e disponibilidade de tempo de cada um para leituras e pesquisas necessárias para o desenvolvimento.

Os poderes são competência adquirida pelas suas capacidades e querer desenvolver. Se não dedicarem um pouco do tempo para essa compreensão, será impossível desenvolver a magia fascinante que percorre o plano em todos os cantos do mundo.

Se em alguns o dom se desenvolve sozinho, em outros se desenvolve com muita pesquisa e luta.

A capacidade de realizar feitos na Terra para entrar para o livro dos recordes já não é mais para vocês. Suas capacidades são grandes, mas ainda não têm a leveza e sutileza para trabalhar em paz.

Nenhum de vocês precisará ter a varinha de condão, pois as equipes estarão prontas. Suas mãos já são instrumentos sensíveis para captar e doar as nossas energias em conjunto, e tudo isso filtrado, será a cura do século.

A capacidade de cura vem através das mãos, mas o verdadeiro sentido está na mente e nos corações. Por isso, insistimos tanto na cura pessoal em primeiro lugar. Na cura dos males pessoais, daquilo que vai ao coração por meio das sensibilidades, dos sentimentos, das lutas de sobrevivência.

As análises, o *curriculum* escolar, as provas, tudo foi canalizado e estudado e foram se formando escolas de saber no mundo, com professores capacitados para passar a matéria e todos estudam para passar de ano.

Não pensem que em outras dimensões é muito diferente. Algumas delas são mais evoluídas, porque os corações são puro amor.

Na Terra foi se desenvolvendo de acordo com o que cada um trazia no inconsciente e alguns canalizando fizeram a evolução do planeta como se deu e continua acontecendo.

Hoje, um pouco diferente, porque alguns já têm coragem de assumir os papéis no grande palco.

Os caminhos tornaram-se estradas e as estradas foram asfaltadas. Das casas nas rochas aos arranha-céus nas grandes e também nas pequenas cidades. É a evolução terrena. A evolução espiritual ainda hoje é para poucos que estão na Terra vindos de outras dimensões para ajudarem nesse desenvolvimento.

Muitos ainda sentem saudades dos seus antigos lares nas estrelas e nem sabem porquê.

Amados e queridos, o tempo é um remédio que não se toma ou se injeta, ele passa e todos passam por ele.

O tempo ameniza sofrimentos, apaga lembranças, as marcas que vão sendo feitas apagam-se ou se aprofundam de acordo com os pensamentos.

Gostaríamos de aperfeiçoar todos de um momento para outro, para melhorá-los, porém não podemos. Nunca esqueçam nem por um momento o presente que ganharam ao vir para a Terra, o livre-arbítrio. Deverão crescer sozinhos, caminhar para o Pai com seus próprios pés.

Obrigado por me ouvirem, amo muito vocês".

Colheita do ano

"Quando o 'Eu Sou' manifestado entra em ação, no ser humano começa a transformação, mas, por vezes, não há tempo em uma só vida para entender toda a caminhada.

Falamos desse caminho sempre, para que todos possam continuar sem receio da evolução. Alguns ficam como medo das provas, porque estão conscientes da sua existência, outros passam por elas adormecidos, e, se a prova é mais difícil revoltam-se ou nem percebem o que aconteceu.

Àqueles que meditam é concedido o conhecer de suas notas, suas avaliações desse período, tudo aquilo que fizeram é pesado, trata-se da colheita do ano.

Sejam conscientes, ativos, mansos e caminhem, vivam em paz.

Qual foi a nota vista?

Não conseguiram ainda visualizá-la?

Meditem e se mesmo assim não puderam ver o valor, avaliem-se e dêem-se a nota que acham ser merecedores.

Precisamente, é necessário e importante que seja assim.

Os nossos ensinamentos foram passados como deveriam ser, cabe a cada um compreender tudo o que viram, sentiram, como se envolveram nos testes e provas. Se alguns esperavam fazer a prova por escrito nesse caminho, saibam que não há necessidade. As provas orais e as presentes passagens pelas dificuldades já são para nós o máximo, pois acompanhamos todos nesses momentos.

Crianças queridas, parabéns, esperamos que para o próximo período sejam mais sensíveis, menos carentes, mais fortes, menos fracos, mais guerreiros e lutem com mais coragem, pois cada ano é mais um e sempre crescendo e aprendendo se sairão brilhantes dessa dimensão que vivem, e, alguns até já no seu plano mesmo farão grandes obras de amor, virtude e luz.

Mais uma vez, parabéns, continuem grandes para serem realmente grandes em brilho e paz.

Nós também agradecemos pela atenção que nos deram, pela persistência e coragem de prosseguir, precisamos no canal matéria.

Muito, muito obrigado".

Conversas

"Item I – A questão nota na mensagem anterior trouxe muito forte a materialização do que há no espiritual e alguns se questionaram fortemente, pensaram que como são adultos não precisariam avaliação, mas essa é tão necessária como os testes e provas, porque só desta maneira acontece o despertar do sono da consciência e, assim, o ser busca caminhar em equilíbrio ainda que em desequilíbrio.

Fizemos e conseguimos deixar todos bem acordados, são raros os momentos que isso acontece.

Diante de um dia de 24 horas vocês despertam, estão acordados realmente em média 15 minutos, que são os momentos que precisam, deixam o cérebro baixar e o coração subir e falam e agem com amor dentro da lógica.

Tínhamos fornecido as respostas pela nossa discípula quando ela expôs a importância da materialização no mundo-matéria das coisas que acontecem no mundo espiritual ou nas outras dimensões, como aconteceu com o Templo.

Item II – É muito fácil se deixar levar, mas isso deve acontecer com consciência, na consciência do falso e do verdadeiro. A ação correta traz o 'se deixar levar'.

Quando tentam, dão tudo de si e a resposta do problema não acontece, relaxem, passeiem, se estiverem cansados podem até dormir um pouco, mas não se joguem na cama como se fosse o refúgio para todas as dores. A cama é um lugar de descanso para seu físico e não deve ficar contaminada de energias negativas, de pensamentos turvos e emaranhados. Suas camas devem ser um local maravilhoso onde podem descansar mente e corpo, porque o espírito nesta hora vai se colocar voluntariamente diante de seu Mestre para o trabalho espiritual, mesmo sem vocês terem a consciência.

Item III – Nas condições familiares a mágoa não deve e não pode existir, sentirão como humanos que são, porém, o coração deverá ficar leve e não pesado.

Não falamos para ninguém deixar de amar seus familiares, muito pelo contrário, amem e amem muito, e quando for necessário o corte, ele existirá e sabem porquê? Às vezes, mesmo sem vocês perceberem, os familiares tentam tirá-los do caminho, em certo tempo é prova, em alguns casos *karma* e depois do desligar vem o continuar amando, conhecendo a personalidade de cada um, sem sofrer. No entanto, no trajeto desse aprendizado existem muitas lágrimas até a compreensão e o entendimento.

Item IV – Vocês já sabem que a disciplina é o caminho, mas o atrasam mesmo entendendo que quanto mais meditarem mais facilmente chegarão ao entendimento. Estão despertos, não dormem no sono dos ignorantes.

Procurem dentro desse despertar colaborar um pouco mais com vocês mesmos, dar mais amor para si, chegando assim às descobertas e momentos de claridade, quantos mais desses tiverem, melhor.

É uma somatória de pequenos momentos com os quais se ascende a imensa luz.

Queríamos dar tudo para poderem compreender, mas é de cada um o tempo.

Item V – Procurem não pensar tanto com a razão, ainda não estão soltando os pensamentos na beleza do interior, ficam ligados no ontem.

As águas passadas não movem moinhos, hoje já estão no mar.

Não fiquem relembrando, só trazem vibrações negativas acumulando sobre a situação do passado, porque cada vez que pensam, a razão, a inteligência faz com que coloquem um pouco mais de fermento e cresça um pouco mais.

O que passou passou, já não precisam que essa energia estabeleça sobre vocês situações incomodativas.

Que maravilhoso é o *show* da vida! Não é mesmo?

Este grande Universo
Nascido da beleza e do caos
Da luz e das trevas
Do belo e do feio
Do bom e do mau
Sendo o tudo e o nada
É essa imensidão
Isto é o Tao
Sem procurar sem ser ele É
O tudo e o nada
Notas de uma música inaudível
Uma canção magistral
Um maestro e músicos invisíveis
Que tocam divinamente
Silêncio profundo no meio da agitação
Esse é o barulho do Universo
Unindo todos os versos
Unindo a mente e o coração
Estabelecerão, centrarão no meio do caos
Na beleza do nada, serão o tudo
O Tao".

Abelhas e formigas

"Por que não conseguem na meditação tranqüilizar o mental?

Se conseguirem amar, só amar sem nada questionar, sem nada pedir descobrirão que o doar também é um caminho. Amados, isso ainda é difícil, pois nos pensamentos vocês brigam muito.

Grandes, pequenos gigantes, trabalho de abelhas cada um buscando de flor em flor o néctar para o feitio do mel.

A abelha foi abençoada, tem asas para voar.

Trabalho de formigas o verão inteiro carregando suas folhinhas para no inverno ter o seu alimento armazenado e não morrer de fome.

Uma andorinha só não faz verão.

Estão entendendo o trabalho de abelhas e de formigas?

Uma tem asas, outra tem pernas, no entanto, ambas têm que trabalhar muito. Unam as asas das abelhas e as perninhas das formigas e sejam muito fortes nesta luta sem igual.

Filhos amados meus e de meu Pai: comam e bebam em minha memória e busquem compreender na quietude deste momento o Amor Pleno em seus seres de luz.

O nosso amor por todos".

O pão e o vinho

"Se eu vim para acordar os que dormem no sono da inconsciência, então estou aqui: Acordem crianças, centelhas divinas, o Pai as chama para se maravilharem com esta ceia abençoada.

Comer e beber o pão e o vinho é parte do último ritual que o Grande Mestre Jesus cumpriu para que todos tivessem vida.

Venham amados filhos compartilhar da ceia do Senhor alimentando o corpo com o alimento da alma.

Pão e Vinho.

Pão – corpo, matéria, terra.

Vinho – alegria, ar, alma.

Matéria e espírito – formam o ser; conjunto perfeito.

Todavia, minha missão é acordar os que dormem o sono da inconsciência e todos que querem viver acordados estão aqui, escutam minhas palavras e hão de saber do que eu falo.

Dormir, viver na inconsciência é não viver, não saber o que é a vida. É ser levado pelo vento de um lado para outro como um barco na tempestade. Acordar, viver conscientemente é pegar no leme do barco e navegar sobre as ondas do mar bravio e mesmo que esse barco não agüente o furor das ondas, a consciência ficará desperta para a grande viagem final desta vida. Qualquer que seja o seu destino, acordado, consciente é mais belo, é mais branco, é mais vivo, é mais e mais.

Não ensinei a todos que deverão ser um Sucesso em tudo o que fazem? Se não forem os melhores, pelo menos um dos melhores?

Pois então: quantos de vocês já estão mais belos, mais amorosos, mais bondosos para si mesmos e para os outros?

Uso os meus canais com muito amor. Usar não significa abusar, compreendam que precisamos de mentes fortes, corpos ágeis nesta batalha.

Não choramingem falta de tempo, que não serão fortes suficientes para uma missão e terão medo, medo da responsabilidade.

Há tempo para tudo, basta adequar a vida para uma missão e conseguirão caminhar.

Os Anjos estão ao redor para ajudar e é muito grande a paz que emanam para vocês, para a Terra. Não desperdicem energias correndo de um lado para outro sem nada fazer. A missão é grande e precisamos de todos que quiserem caminhar.

'O pão e o vinho.

Tomai e comei todos em minha memória, pois este é o meu corpo e o vinho é meu sangue. E todos comerão e beberão por toda a eternidade e lembrarão de todos os meus ensinamentos, assim na Terra como no Céu.

Façam isso por amor a Mim, ao Pai e a vocês mesmos.

Eu vim para que todos tenham vida mais abundante'.

No eco do mundo ainda ressoam essas palavras, o som delas ainda vibra na mesma freqüência com que foi falada há 2006 anos passados.

'Eu vim por amor, com amor e para amar, amar a todos sem distinção de raça ou cor.

Amai-vos uns aos outros assim como Eu vos amei'.

Tenham sede para beber deste amor, saciar sua sede com esta água bendita – o Amor Incondicional – ele é o alimento mais vitaminado para seus corpos, não contém contra-indicação nem impurezas. Ele é mais vida, não tem o ranço da inveja, do orgulho, da vaidade, da desonestidade, da incapacidade, do ódio, da mágoa. Este amor é pura energia Divina, que eu tenho, que nós temos e que tantas vezes não conseguimos colocar em prática quando estamos na terceira dimensão.

Exercitem muito esse sentimento, não precisam de tempo para o fazer, como dizem que precisam para a meditação, o amor também é um caminho, só que meditando nós chegaremos para responder suas perguntas e só amando, muitas vezes não conseguem andar mais uma milha quando é necessário, pois acabam se ressentindo de só dar e não receber".

Confraternização

"Senhoras, senhores, jovens, crianças, amados meus.

Não se pode ficar passivo diante de uma festa, confraternização, o espírito natalino pairando já muito próximo e final de um ano de Sucessos, sim, pois todos passaram o ano nesta Grande Universidade, Universo.

Vamos nos omitir hoje de falar coisas tristes, embora sejam lições maravilhosas que vivem, mas não gostam de passar, isso é bem verdade. Só faz parte do plano do Grande Pai para que todos os seus filhos possam desenvolver-se e crescer sempre mais, até um dia chegarem ao entendimento.

Hoje, depois de atravessarem um ano inteiro com lições todas as semanas, é só confraternizar, fazer a festa também nos corações, não só vivê-la no plano Terra.

Quem lembrou do lindo tapete vermelho de rosas para entrar aqui ou já entraram de férias e esqueceram os ensinamentos?

Amados não esqueçam nunca que cada um é muito especial e que suas mentes já não são mais infantis, que são adultos em busca da luz. Ajam como tal e não se deixem abater diante dos testes e provas, pois esses não param, as férias acontecem para descansarem fisicamente.

Notem o sol, as estrelas, a lua, o Universo enfim, tudo permanece no seu ritmo, permaneçam também no ritmo.

O mundo se transforma e todos fazem parte desta transformação.

A transformação é parte do ritmo, assim também para cada um.

A percepção aguçada faz com que sintam tudo sem se abalar diante das mudanças.

Parabéns mais uma vez por todos os sucessos que tiveram nesse ano foram muitos, nós sabemos.

Desejamos a todos boas festas, muito boas festas e um ano de glórias em amor, paz, amizade, fé, constância, persistência, fidelidade e disciplina.

Amamos a todos amados filhos da luz".

Nasceu Jesus

"Nasceu Jesus
menino, feito carne, humano
cresceu; sábio, iluminado
O Filho de Deus!
Inteligente, culto,
Falava, ensinava
poucos o compreenderam
muitos o escutaram.

O tempo passou, correu veloz
como os ventos passam,
mas nos corações crédulos
Ele vive mais forte do que nunca.

Para alguns apenas Natal, troca de presentes,
para outros algo mais, muito mais.

As sementes plantadas por este Ser de Amor
germinaram, cresceram.

Para alguns conceitos estabelecidos
para outros, fé, esperança de um mundo melhor.

Nasceu Jesus.

Nascer na fé, no amor, na esperança, se libertar,
sonhar, viver, buscar e encontrar,
as realizações dos sonhos sonhados".

Sublimação

"A cada ano que se finda,
a cada ano que começa,
nasce a esperança, a esperança de um ano melhor.

A consciência cósmica é em cada um, ensina como viver melhor, como viver a paz, como viver o amor.

Aproveitem as esperanças que se renovam e renovem os seus sonhos, os seus modos, para viverem melhor.

Não é ainda tempo da consciência coletiva transformar o mundo em que vivem.

Transformem os seus pensamentos para uma vida melhor, de paz e harmonia que é o sonho de cada um.

Façam os seus mundos particulares melhores.

Depois que muitos descobrirem que viver o seu espaço, o seu pequeno espaço em harmonia é o toque inicial de toda uma transformação, tudo mudará. Porém, procurem sempre traduzir de todos os textos, de todos os atos e ações a lição e deixem suas lâmpadas acenderem e brilharem na escuridão.

Quando cada um brilhar, o mundo da Terra será uma imensa constelação de amor, por enquanto é apenas um sonho, mas sonhar é preciso para a realização. Quanto mais sonharem, idealizarem, mais rápido pode acontecer.

Nesta vida ainda será muito difícil viverem isso, porque muitos dos familiares não compreendem o Universo e buscam somente bens materiais achando que é tudo. No entanto, se voltarem um pouco os olhos para os lados, verão quantos com muito dinheiro não podem comprar a saúde e a felicidade, somente com a consciência aberta, discernimento e amor existe a conquista, porque antes de tudo deverão reverenciar essa divina presença que são VOCÊS mesmos, para depois terem o que o Universo lhes reservou. Se, souberem pedir terão, se souberem viver terão, pois na casa do meu Pai tem muitas moradas. Se souberem compreender isso, em todos os sentidos, a chave estará em suas mãos para poderem abrir as portas. Mas, não se enganem, pensando só em vocês mesmos nada acontecerá. Abrir-se-ão algumas portas, não todas.

Abrindo uma com verdade, amor, luz e entendimento todas as outras serão escancaradas para conhecerem profundamente o Universo – Tao – Sublimidade.

O ato da sublimação já é abertura que aos poucos vão conseguindo para algumas ações, devagar, com fé as que são difíceis de compreender e que não podem enfrentar serão reconhecidas e aprendidas no ato da sublimação.

Contudo, muitos erros serão cometidos pelos profanos, pensando que estão no caminho e muitos entrarão no caminho pela pureza de coração.

Nunca existiu e nem existirá alguém que jamais terá algumas dúvidas, e, em certas situações é bom que ela venha para que não se torne senhor da verdade e acabar perdendo a caminhada. Para tudo há dosagem certa.

Se for pedido para um remédio ser tomado tantas gotas ou comprimidos tantas vezes ao dia e tomarem tudo de uma só vez, poderão ter sérios problemas de saúde.

Amados meus não há mal que sempre dure. Tenham fé, esperança e compreenderão a sublimação.

As suas sublimes ações serão computadas no computador universal.

Não desanimem, lutem, sejam corajosos e enfrentem todos os seus erros, olhem de frente bem dentro dos olhos e mandem embora os seus desacertos.

Felicidades, muito amor, muita paz nos seus corações para o novo ano.

Amamos vocês".

Pequenos grandes filhos

"Deus, em sua infinita sabedoria criou, creou a natureza, tudo perfeito inclusive a natureza humana.

Para aperfeiçoar ainda mais a natureza humana deu de presente o livre arbítrio para que seus filhos pudessem um dia se igualar a Ele neste mundo. Dentro do presente divino concedeu-nos o direito de Ser ou Não Ser. Inteligência para poder desenvolver tudo o que o mundo necessitasse e fosse melhorar o modo de vida na Terra.

Inteligência é a capacidade de compreender os desígnios com amor ou brigar para conseguir algum mérito sem valor.

Demonstrar capacidade é enfrentar de cabeça erguida as derrotas que muitas vezes fazem parte das vitórias humanas.

Condicionar pensamentos também pode ser distúrbio do divino de cada um.

O divinal parte do princípio de sermos filhos de Deus na Terra e se somos então herdeiros do Pai, somos também pequenos deuses em ação. Provar para nós mesmos que somos capazes, sabermos que somos.

Certas oposições não o são realmente, é só aceitação, se aceitarmos não haverá desgastes emocionais, em contrapartida, investe-se na harmonia do ser.

Pequenos-grandes filhos que se reestruturam na condição de humanos para vencer as batalhas que não foram vencidas, que voltam à terceira dimensão buscando esse conhecimento e deverão ter muita paz para serem paz.

A divina presença 'Eu Sou' reina em um lugar dentro do cérebro e terão que rasgar muitos véus para alcançá-la. 'Eu Sou' é um meio pra chegar na divindade.

Eu Sou Luz.

Eu Sou Paz.

Eu Sou Amor.

São os melhores conceitos para se atingir a divindade.

Os exercícios são necessários diariamente para devagar, um a um todos os véus serem rasgados, obstáculos que foram criacos nas vidas pregressas e que até aqui não trouxe a abertura total da consciência.

Assim como a natureza depende da chuva, do sol, da lua, dos ventos, da água, da terra, do ar, do fogo o ser humano também depende de fatores que só com o passar dos anos, do tempo descobrirá sozinho a lei imutável do universo humano. Então, o tempo é de cada um.

Mas, como tudo na natureza é ação, se não agirem corretamente serão levados pela correnteza e uma vida será perdida dos verdadeiros conhecimentos.

Compreendam:

Tempo de paz, tempo de ansiedade

Tempo de desespero, tempo de alegrias...

Tempo de felicidade, tempo de tristeza

Tempo de compreensão, tempo de incapacidade

Tempo de ser capaz

Tem tempo para tudo

Tempo de viver, tempo de morrer.

A morte de um ideal é uma dura morte.

Vejam, não falo de desencarne, isso é um outro tipo de morte.

As mortes em vida são as piores lições que precisamos passar.

A morte de um sonho de amor é uma triste morte, porque nunca queremos perder.

Perder dói e nos faz chorar.

Por que choramos?

Não porque perdemos, não porque ficamos com pena de nós mesmos, porque confiamos nos outros e nos desiludiram, tudo isto e muito mais são mortes.

Portanto, alegrem-se hoje é um dia de festas, mais um ano está morrendo para outro nascer.

Vistam-se de luzes multicoloridas, vejam o belo tapete de rosas vermelhas no chão e confraternizem.

Esqueçam as tristezas e sejam só luz, paz e amor.

Amamos filhos da luz".

Eu sou...

"Eu sou Um
Eu sou o Todo
Eu sou o Nada
Eu sou a porta aberta que ninguém pode fechar

Eu sou a luta	Eu sou a batalha
Eu sou o que procura	Eu sou o que é achado
Eu sou a inocência	Eu sou o pecado
Eu sou a sabedoria	Eu sou a ignorância
Eu sou a lei	Eu sou o poder
Eu sou o herói	Eu sou o contra
Eu sou o perfume	Eu sou a rosa
Eu sou o espinho	Eu sou a bondade
Eu sou o céu	Eu sou o paraíso
Eu sou a verdade	Eu sou a luz
Eu sou as trevas	Se você não olhar as trevas não saberá ver a luz
Eu sou o revelado	Eu sou o revelador
Eu sou o secreto	Eu sou o segredo
Eu sou o desconhecido	Eu sou o conhecido
Eu sou o vazio	Eu sou o cheio
Eu sou o que vejo	Eu sou o que não vejo
Eu sou o além	Eu sou dentro
Eu sou a porta	Eu sou a vida

Despertem para a unidade divina para festejar a grande festa do amor incondicional dentro de vocês.

A vida continua, sejam tristes ou sejam alegres, não desgastem as suas emoções. Sejam paz, sejam luz, sejam amor facilitando assim a vida a ser vivida.

Despertem, sejam mais vida, sejam a unidade divina, atinjam o máximo, o único coração.

Vocês são conhecedores do caminho.

Vocês são o amor, não existem outros iguais a vocês".

Celebração de um novo ano

"Feliz vida, feliz caminhada, que o viver feliz seja para cada um a meta a ser cumprida.

Estamos todos aqui hoje para celebrar. Celebrar o início de um novo ano, celebrar por podermos estar juntos novamente para cumprir mais uma missão na Terra.

Cada ano ao findar leva alguns sonhos que não puderam ser realizados, ou melhor, às vezes não eram sonhos, apenas ilusões dos seus pensamentos, porque os verdadeiros sonhos são alcançados. Então, celebremos hoje o nosso ano novo para o amor poder vencer todas as barreiras dos nossos pensamentos.

Amados, podem se imaginar não pensando mais: 'por que fulano me disse aquilo, por que me magoou, por que não acreditou no que falei? Por que às vezes falo a verdade e não acreditam, às vezes omito algo e falo menos, às vezes falo demais? Por que não passo em algum concurso, por que não ganho mais, por que ainda estou nesta empresa, se já não estou feliz com este trabalho?'

Esperam que um milagre aconteça, que as coisas se resolvam por si só, que alguém tenha uma varinha mágica e fale 'pirlimpimpim' e tudo se acerte.

Sejam e vivam felizes neste momento, ouçam-me e deixem estas palavras cravarem em seus mentais para nunca mais saírem.

Vivam o momento como se fosse o último. O que fariam se soubessem que esse seria o último momento das suas vidas?

Eu sei que alguns entrariam em desespero querendo correr para casa para dar um beijo e um abraço nos entes queridos. O desejo é de passar para outra dimensão não querendo se separar de ninguém. Isso seria maravilhoso, só que impossível de acontecer.

Deverão cada vez mais reter o conhecimento, calar mais para compreenderem melhor.

O que falamos aqui é puramente ensinamento para vocês amados e está mais do que na hora de praticarem a disciplina e a fidelidade.

Para os outros lá de fora não existe compromisso, para vocês sim. Nos ouviram e aprenderam e agora é hora de mostrarem o que realmente sabem. Fingir que não sabem é fácil, basta passar por cima de tudo o que ensinamos e realmente vão esquecer, porque já não podemos mais ensinar àqueles que só estão por curiosidade, para ver se vai dar certo.

A semente deixou de ser uma semente, agora já brotou e começa a árvore a tomar corpo, crescer galhos, flores, frutos para outras sementes nascerem.

Essa árvore já está muito crescida para ser simplesmente uma sombra para os dias de calor, um refrigério para o espírito. Ela é muito mais que isto, é luz que brilha nas trevas, é alimento para muitos matarem sua fome e sede com seus frutos. Compreendam amados que vocês serão os frutos para se doarem aos outros no momento certo, agora aprenderão cada vez mais a introspecção do seu saber, guardarão para vocês mesmos seus desejos para poder vencê-los. Deverão se conhecer profundamente e conseguir dominar seus momentos de raiva, de dor, de amor, de fé, sim porque, acontecerão momentos que se expressarem sua raiva existirá um vulcão, se expressarem sua dor serão desespero, se expressarem amor vão ser depravados, se expressarem a fé serão carolas e isso irá desanimá-los para seguir o caminho.

Poderão expressar-se aqui, lá fora será cada vez mais difícil, por isso os alertamos inclusive sobre os momentos de amor que são mal interpretados e que acabam também interpretando mal por terem alguém por perto sem preparo.

Não façam mais saladas nas suas vidas dizendo: 'foi depois que comecei a caminhar, antes eu não era assim'.

Com certeza que nada é igual. Atualmente começam a ter um certo domínio sobre a individualidade. Conhecendo-se passarão a se exigir mais e seus méritos crescerão. Algumas coisas estão escritas e não se livrarão facilmente, são as dívidas que estão pagando com juros e correção monetária, pois foram deixando de uma vida para outra e agora o preço é alto, porém, têm tudo para saldá-las nessa ou em outra vida.

Vocês compreendem como a dívida do Brasil com os Estados Unidos cresce mesmo com todas as riquezas brasileiras?

Todos têm uma riqueza incalculável dentro de si para pagar tudo, mas não sabem fazer a negociação, ou melhor, não querem. O ser humano é assim, não sabe o que fazer, depois já se acostuma daquela maneira e quando perde algo fica inconsolável até digerir o que aconteceu.

Ficar em completa paz diante de alguma situação é humanamente impossível, mas procurem se controlar para sentirem como passam melhor por tudo o que tiverem que passar e vejam a imensa riqueza guardada a sete chaves de cada um.

Paguem suas dívidas em paz, suas riquezas são imensas, gastem, é preciso para abrir essas portas fechadas e com as fechaduras enferrujadas pelo tempo. Não dissemos que o tempo cura tudo? Então, até as ferrugens de suas vidas conseguirão limpar para abrir o ferrolho das suas fechaduras.

Muitos vão a consultórios pagar para falar e falam das suas fantasias e os profissionais nem percebem que estão sendo enganados por seus clientes, também no afã de ajudar. Acabam ajudando as pessoas a se enrolarem mais nas tramas do próprio fio.

É meus caros e queridos amigos, filhos e companheiros de caminhada, viver, viver uma hora após, um dia após o outro. Vivam, não tramem contra vocês mesmos, pois podem se enrolar tanto que depois ficará difícil para caminhar.

Sejam prudentes e simples como Paulo falou: 'Prudentes como as serpentes e simples como as pombas'.

Celebrem a vida, celebrem mais um ano, celebrem tudo, façam de suas vidas verdadeiras festas, nunca esqueçam seus tapetes de rosas vermelhas, pois rosas vermelhas são energia pura e cada vez que pensarem nele plasmam mais energia.

Hoje é um dia de festas, nós aqui na Terra vamos nos unir com todos os Mestres.

Gaspar, Melquior e Baltazar levaram de presente a Jesus, o ouro que representa o material, coisas da Terra, o sustento; incenso, o espiritual; e mirra o mental.

São os Mestres de frente hoje, mas todos os outros se fazem presentes juntamente com o Mestre que cada um é. Juntos saudamos uns aos outros em silêncio para canalizarmos a Eles e Eles a nós".

Coragem na luz

"Nos braços do Pai somos abraçados com amor. E, para sentir esse abraço devemos nos livrar das mágoas e deixar de ser coitadinhos nas mãos do destino ou da fatalidade.

Basta a coragem de se fortalecer existir e tudo o que fizeram no passado ou que ainda fazem para lhes tirarem do prumo deixará de os fazer vulneráveis e, assim não entrarão no jogo dos outros, saindo cada vez mais fortalecidos.

Os braços de luz, de Deus vocês poderão sentir quando estiverem calmos e tranqüilos. Quando estiverem nos momentos de desespero, parem e digam: 'Eu Sou Luz, Eu Sou Paz, Eu Sou Amor'; em vez de se sentirem agonizando, pequenos, frágeis, limitados, sintam-se grandes, corajosos, destemidos, sejam verdadeiramente filhos do Pai Amor.

Fortes e grandes, pois são centelhas divinas.

Por que alguns teimam em ficar no chão, chorando depois que o leite já derramou?

É muito fácil dizer: 'eu sou inocente, sou ingênuo, sou carente'.

Não existe mais inocência, ingenuidade ou carência para vocês, filhos da luz. Ou são ou não são!

Agora a luta deve ser de amor, por amor e para o amor para com vocês e para os outros, não importando se amigos ou inimigos, e, principalmente, é necessário mais seriedade e honestidade com vocês mesmos. Se sentem pena, 'ai que coitadinho eu sou', então é porque a caminhada está ficando difícil.

Falamos que ninguém é obrigado a seguir por uma estrada que não deseja. Ao apagarem a luz de um compartimento da sua casa, fica escuro não fica? Então acabam acostumando os olhos na escuridão e logo passam a enxergar porque um ou outro compartimento está aceso.

Quando apagam tudo, compartimento por compartimento, aí sim fica realmente escuro. Aos poucos ainda a luz que vem de fora penetra pelas janelas e podem se movimentar tateando. Da mesma forma acontece com o ser que tateia para caminhar até a luz. Ele resiste e apaga a própria luz tateando no escuro, buscando uma vela para acender a chama, no entanto, com um só sentimento de amor uma chama imensa acenderia dentro de si mesmo, não seria só a chama e sim uma vela.

Compreendam queridos e amados, não prendemos ninguém na luz. A luz é liberdade, é amor, é fraternidade, é conhecimento, é igualdade, é supremacia, é tolerância, é divindade, é tudo, mas deverão sentir isso, não obrigados e sim por livre e espontânea vontade. Jamais amigos, obrigaremos alguém a trabalhar energias. Poderão cantar, dançar, falar, compor músicas, tocar instrumentos, servir aos outros, enfim, há muitos meios de se trabalhar as energias, porém, se deixarem a energia se contaminar dentro de vocês poderão ter sérios problemas. É igual a apagarem a casa inteira e ficarem no escuro depois de conviverem com a luz.

    A liberdade de agir de cada um é necessária, se vierem aqui por medo de sair e não ter quem ajudá-los, então nós liberamos nossa protegida para mesmo que afastados dos grupos ela os amparará.

    Não esqueçam a grandiosidade deste trabalho de amor. Não apaguem suas luzes, as chamas das velas são pequeninas e qualquer brisa pode apagá-las. Sejam grandes chamas que o vento não consegue apagar.

    Amor e paz a todos".

Sementes

"Amigos, companheiros: no limiar desta nova fase pela qual a Terra caminha, temos grandes trabalhos a serem feitos, pois cada vez mais o ser humano cai em desânimos, depressão, tristezas por não conseguir ter o que sonham.

Muitos já com a mente aberta estão sabendo discernir o que é o ter, conseguem compreender e viver com paz.

Já pararam para pensar em tudo o que acontece no mundo, para analisar os ensinamentos que a grande Universidade oferece?

Sabemos que alguns não querem pensar, outros pensam e não admitem e alguns como vocês já nos ouviram e sabem que viver o momento é *a priori* a verdadeira administração das suas vidas. Para ser ou se sentirem felizes e assim não se estressarem diante do conteúdo que todos percebem sem ter o que fazer, diante de tudo o que é prometido e não pode ser feito pelos governos terrenos.

Vocês ainda não aprenderam que cada um deve cuidar do seu espaço (família)? Inúmeras vezes nem nisto conseguem manter a paz e criticam o que não podem fazer ou que não é de suas alçadas.

Companheiros caminhantes procurem unir suas forças dentro de seus lares com aqueles que convivem no dia-a-dia, quem sabe se depois poderão fazer algo a mais pelas suas cidades ou pelos seus Estados, pelo país.

A paz dentro de cada um é essencial para a paz mundial, devem compreender isso. Muitos estão em guerras intimamente ou brigando com os filhos, pais, irmãos, vizinhos ou companheiros de caminhada, não aceitando como cada um é, por quê?

Porque ainda não conseguiram se aceitar e se compreender.

Não falamos somente dos grupos, falamos de um modo geral, porque se analisarem, verão que estamos certos.

Estamos preparando grandes terrenos para grandes plantações. Encontramos terrenos muito férteis, mas a mente não consegue compreender e deixam de semear as sementes que cada um tem. Belas e maravilhosas sementes prontas para irem para a terra e nascer. No entanto, muitas delas com um trovão se abrem querendo nascer e não encontram a seiva da terra para lhes acolher e a dar a vida para crescerem.

O que acontece então?

Surtam, procuram profissionais que também não souberam semear e somente estão lá atendendo porque precisam, porque a semente deles também ainda não foi plantada, não acharam a seiva natural, o amor, para canalizar e, deixar simplesmente na beleza desse amor, crescer e dar a luz. Mas, hoje, também já existem no orbe terreno muitos profissionais dignos e competentes graças ao amor do Pai Luz.

Conhecemos palmo a palmo essas sementes que ainda não sabem que são divinas ou sabem e tem medo de assumir um compromisso de amor.

Vocês sabem da capacidade de amor de um ser humano?

Pensem, analisem o amor de um pai e de uma mãe pelos seus filhos. Querem dar a eles o melhor e às vezes os fazem tremendamente infelizes, porque não podem compreender as diferenças de cada um, não entendem que eles são seus filhos, porém não lhes pertencem, são do mundo, e, no entanto, vigiam qualquer coisa que fazem e cobram atitudes que quando eram jovens também não tinham.

Percebam, os filhos não aceitam os pais justamente pelas cobranças e também cobram pensando: 'se meus pais fossem diferentes eu também seria com eles'.

Contudo, o estresse já está tão grande que muitos mudam e os outros nem percebem.

Assim poderíamos ficar dissertando horas e horas a fio sobre todos os problemas do mundo, de cada um, mas não é esta a nossa missão.

Os problemas cada qual têm inteligência para resolver, são cotidianos da vida terrena.

Inteligência para o que é da Terra.

Sabedoria para ser feliz.

Agrupando felicidade, pequenos momentos felizes na Terra fará com que um dia entendam e sejam completamente felizes, mas para isto é necessário: compreensão, paz, amor, perdão, fé, esperança, enfim caminhar com tranqüilidade, cada dia é um dia, cada coisa no seu lugar, ordem natural.

E, quem não foi instruído quando criança de como fazer, sentiu o tempo passar, deixou de ser criança, tornou-se adulto, porém, ficou infantil, chorando por pouca coisa, debatendo-se, comportando-se dificilmente e só querendo ser feliz.

Aprumem-se, centrem-se no nível do amor para com vocês mesmos e com os outros e vivam em paz.

Suas sementes estão nascendo, deixem-nas encontrar a seiva amorosa de seus corações e aceitem o dom que ganharam ao nascer neste planeta e sejam luz, sejam paz e sejam amor".

Mudanças

"As mudanças são necessárias para a completa evolução do indivíduo, mas não esperem grandes mudanças de fora quando a interior não acontecer.

Não é inteligente ficar repetindo 'eu sou assim e não vou mudar, porque querem que eu mude, é assim mesmo que eu sou', persistindo em dar voltas e voltas em si mesmo.

Todos estão vendo as mudanças no dia-a-dia, no mundo.

Presenciaram as mudanças ocorridas nos últimos tempos e acham que devem continuar com medo da única maneira de libertação.

Meus bons amigos, ser bom para os outros e não compreenderem o que estão vivendo é puro medo de prosseguir.

Como vivenciar as vitórias se não conseguem encarar bem as derrotas?

As vitórias só são apreciadas sem orgulho, vaidade e ego, daí sim são vitórias. A vitória que somente preenche esses três monstros fazendo-os crescer pode os engolir.

Não tenham medo de mudar, mudar para melhor, porque como já se disse: ninguém aqui é mais inocente e não sabe como o sol brilha.

Se continuarem a não querer mudar, tendo medo, como desejam então que as grandes mudanças ocorram, sem que mudem por dentro?

Mudar, mudanças: vocês já mudaram de casa algum dia? Presenciaram o que acontece? Tudo fora do lugar, um caos.

Caos, vocês têm medo dessa palavra, ela é forte demais e se fragilizam diante de duas consoantes e duas vogais.

Separem: C de céu.

A de amor.

O de ódio.

S de saudade.

Céu o que pretendem encontrar.

Amor é o que estão aprendendo a sentir.

Ódio é o que estão aprendendo a controlar e a tudo o que dele vem.

Saudade o que sentem do passado, do amor perdido e de tantas coisas.

Perceberam o que é o caos bem separadinho?

C A O S.

Quando acontece uma mudança, um caos em suas vidas, são vocês quem fazem um céu de amor ou ódios com saudade virando vingança.

'Eu nunca desejo nada de mal, mas que ele vai pagar, vai'.

Para os filhos da luz isto não é atitude de alguém que já mudou, que deixou o caos acontecer com paz.

Às vezes, o caos acontece, e o indivíduo não engole o sapo, ficando as pernas de fora.

Enquanto não aceitarem as mudanças em paz, sem questionamentos, 'por que comigo? minha vida estava tão boa e de repente não mais que de repente o teto desabou', nada vai melhorar.

Em algumas ocasiões é necessário o teto desabar sim para acordarem da letargia em que vivem, pensando que estão em uma redoma de vidro e nada vai lhes acontecer porque freqüentam o Templo, porque acham que são bons cristãos ou bons evangélicos (ou de outras religiões). Se não souberem viver o caos, jamais poderão compreender a luz divina. Até os maiores Mestres que passaram na Terra viveram o caos, Buda, Jesus, Krishna e muitos outros que vocês conhecem.

Acham tão difícil assim deixar que as mudanças comecem dentro de vocês?

Esperem as mudanças de fora, mas aprendam a mudar os seus interiores, pois senão ficará difícil agüentá-las.

Vivam mais e pensem menos.

Lembrem que ensinamos sempre que as coisas da Terra são para a inteligência resolver e que as coisas de dentro são para a sabedoria, não precisam pensar, basta deixarem acontecer, unindo mente e emoção em um grande encontro de amor.

Vamos agora fazer este encontro acontecer?

Mestre de fora com Mestre de dentro.

Mestre encarnado com Mestre espiritual.

Anjo com anjo.

Santo com santo.

Deus com Deus.

Encontrar a verdade, dar-se por inteiro, integrar-se com o que está acontecendo neste momento e aceitar para estar em paz.

Filhos queridos, filhos da luz, você imaginaram o que é viver agora, depois dos sentimentos que já desenvolveram principalmente o amor, a esperança e a fé?

Dar-se por inteiro é acreditar em si mesmo, nós não deixaremos ninguém sozinho, muito embora a mente humana seja egóica, não os abandonaremos, continuamos apostando no que já aprenderam, pois nos ouviram e muito sabem, agora está na hora de testar seus aprendizados da luz.

Vocês têm o conhecimento que há bastante tempo as provas e os testes são necessários.

Livrem seus pensamentos, aceitem o momento, a decisão tomada e não sofram, caminho é caminho e terão que percorrer.

O mundo é eterno movimento, nada pára, cada vez mais rápida a velocidade desta grande engrenagem.

Os movimentos estão acelerando para o caos, então depois sim, viverão a paz que conquistaram e assim compreenderão.

Jamais pensei em ser tão feliz, nós em um só coração".

As dores do mundo

"Hoje quero ensinar o que significa a dor, fazer analogia entre os diversos tipos de dores e energias receptivas, doadoras, desgastes físicos e emocionais, da mente, dos sentidos físicos materiais e imateriais.

Prestem atenção, dei uma lição muito simples a minha discípula e ficou intrigada com algo muito pequeno, mas que deu 'pano para manga' até ela soltar e poder receber essa escrita.

A noite passada antes de dormir, mostrei o maior dedo do pé esquerdo e ela analisou com a razão para depois adormecer na paz dos anjos.

Nesta manhã fez a meditação e pensou no dedo que tinha visto e intuiu que algo ia acontecer sem saber com quem ou o quê. Não demonstrou medo ou angústia e saiu para aproveitar o sol e o descanso merecido da praia. Disse aos seus que ia caminhar. Assim que chegou perto do mar, uma dor intensa, como a causada por um espinho acometeu seu dedo do pé esquerdo. Voltou, colocou óculos para retirar o tal espinho e não havia nada, somente a dor demonstrava ter algo machucando.

Os sentidos indicavam, mas olhando nada se via, então caminhou normalmente, esqueceu de tudo diante da beleza do mar e da manhã ensolarada. Meditou, soltou-se e assim, estou aqui para ensinar as diferenças dos sentidos para vocês.

Cada um tem uma maneira de ser e ninguém pode julgar isso, são belas as diferenças. Comecem a sentir todas essas belezas a vida de cada um de vocês transformar-se-á profundamente, não briguem porque são diferentes, aprendam as diferenças, aceitando e evoluindo.

Nas doenças, enfermidades é exatamente assim, um pode ter uma espécie de espinho no dedo do pé, o outro pode ter no calcanhar ou nos dedos das mãos ou em um diferente lugar, mas não é a mesma dor.

Alguns correm para a cama, assim como outros correm para o médico, tem aquele que conta para todos os que encontra pensando que podem ajudar, tem os que calam e esperam as respostas na hora certa.

Ao conhecer e viver o pleno desenvolvimento o ser é reanimado pelas forças sutis, recebendo toda espécie de ajuda, mas isso não dispensa um profissional, em algumas situações deverão ser rápidos e precisos ao notarem que a pessoa precisa realmente do médico.

Confiança e equilíbrio nos filhos da luz é profundamente necessário, nada de pânico, somente confiança e paz.

Nos sentidos, a compreensão e a serenidade ao se defrontarem com outros que precisam de ajuda, não demonstrem o que sabem, procurem fazer o que o outro carece.

A natureza de cada um promove para si obstáculos através do medo, da desconfiança, da canalização errada. Deverão confiar mais em vocês mesmos e escrever tudo o que precisam para melhorar, com o tempo verão que tudo não passou de aprendizado necessário. Pode ser que tenham um espinho que os incomoda, não se preocupem com isso, a qualquer momento saberão o porquê dele estar ali cravado.

Os medos, os sentimentos de culpa que às vezes nem sabem que ainda existem podem advir do que lhes ensinaram quando eram pequenos, dos muitos 'nãos' que receberam na infância e que agora também acabam fazendo igual com seus filhos, na verdade, dizem que ensinam respeito enquanto ensinam medo. Se ensinassem a verdade do 'sim' e do 'não' o respeito seria pleno por parte deles.

Demonstrar com carinho que se respeitam faz com que o pequeno também aprenda a respeitar e ser carinhoso.

As doenças quando não são karmas vêm do emocional e acabam sofrendo sem a compreensão do sentido humano.

Longe ainda está dos humanos, a luz da consciência. A Nova Era seria o ponto maior da luz, no entanto, falaram, falaram e não agiram, então a Nova Era está aí no que diferenciou da Era antiga.

O túnel de luz está pronto, basta entrar nele e seguir fazendo tudo com consciência de filhos da luz.

Muitos entraram e visaram dinheiro e hoje estacionaram nos conhecimentos sagrados. São as dores de todos, as dores do mundo, as doenças que tanto os incomodam.

Por quantas vidas acham que esperaram para crescer e chegar ao nível em que estão agora?

É muito longa essa estrada, o tempo não importava há alguns anos atrás, agora, urge, e o povo da Terra se não aprender pelo amor aprenderá pela dor.

O ajudar, o doar dos filhos da luz é de extrema importância, com o comportamento diferenciado de vocês os demais também irão mudando, aprendendo e deste modo as mudanças na Nova Era serão verdadeiras.

Muitos já mudaram, porém ainda são poucos. Mais da metade da população mundial deverá mudar para a grande arrancada à quarta dimensão.

Vocês convêm comigo que ainda estão muito longe disto. As dores e doenças ainda assolam as mentes, estão poluídas de negatividades. Não conseguem se render, acreditam que se render é desistir dos propósitos. Rendam-se e aceitem a vida como ela é, não se debatam tanto, cansar-se-ão à toa e as negatividades vão influenciar a ponto de desistirem e não se entregarem ao amor.

A dor no dedo da instrutora de vocês durou exatamente 24 horas, perguntem a seus familiares quantas vezes ela falou na dor que estava sentindo.

Rendeu-se à dor, e essa se foi assim como veio.

Hoje ela está novamente diante do mar e pensa em tudo. Na vida simples dos pescadores que estão nos barcos a uma distância razoável da praia, na dureza desses homens que desafiam o mar para seu sustento. Pensa nas pessoas que como ela estão ali descansando de uma jornada de trabalho anual, que tiraram suas férias merecidamente, pensa naqueles que estão trabalhando, pensa em tudo e se rende ao amor que Deus, o Pai, construiu e concedeu em inteligência aos seus personagens para viver neste mundo, mesmo aqueles ignorantes da cultura, mas sábios da natureza.

Sabemos e ouvimos todos os porquês, de cada um, não pensem que só ouvimos uns e outros não.

Voltamos a dizer: quem anda uma milha pode andar mais uma.

Se estiver pesado, rendam-se, vocês não transformarão os outros se não se transformarem. Nunca esqueçam que as trevas chegam quando é hora da noite chegar e que a luz do dia aparece quando é a sua hora de aparecer.

Cada acontecimento é puramente lição, prova, teste.

As dores são necessárias, rendam-se e não desistam, vocês já podem estar na última milha e se não continuarem, nunca saberão. O fardo é de cada um, nós podemos ajudar, mas carregá-lo seria inútil, pois não aprenderiam.

Agora, ela pensa nas grandes cidades e compara a paz do momento que vive e a corrida que vai enfrentar, em tudo que enfrenta, mas é corajosa e não tem medo, sabe que tem seus momentos de descanso quando precisa e agradece:

'Obrigado pelas milhares de gotas de água que fazem esse visual deslumbrante.

Obrigado pelas milhares de gotas humanas que fazem deste mundo a grande Universidade para que aprendamos a evoluir, para alcançarmos a luz'".

Ovos de amor

"A única lei imutável é a lei do amor, do: 'Amai-vos uns aos outros assim como Eu vou amei'.

Mas que mistério tão profundo traz essa lei, a dificuldade de compreender o que é o amor incondicional?

Diante de tantos amores esse tipo de amor ficou escondido no enigma da vida sem que muitos pudessem alcançá-lo.

Não pode haver medo no amor. Quando é puro e perfeito, o amor expulsa o medo, vocês podem controlar esse sentimento que muitas vezes consome as forças e paralisa suas pernas a ponto de terem temor de caminhar.

Contemplem a vida e a compreendam com amor. Nunca deixem o apego transformar suas vidas em desatino. Saibam, e, vivam o amor com coragem e deixem a alegria de viver tomar conta de seus seres.

Crer e fé se entrelaçam na concordância perfeita, fazendo o ninho para o ovo do amor poder quebrar a sua casquinha e nascer, como um pássaro, de início feio, somente com uma penugem e olhos muito grandes, destoante de seu tamanho, todo desajeitado esperando a comida da mamãe passarinho, e que aos poucos, vai ganhando a plumagem linda, colorida e se fortalecendo ensaia suas asas nos primeiros movimentos para alçar os vôos maiores, ganhando liberdade e o céu para voar.

O amor é exatamente isso, liberdade, nunca prisão. Mas, a liberdade pode-se ter mesmo preso em um cubículo.

Compreendam amados, que deverão se conhecer profundamente para viverem esse sentimento totalmente. Se não se compenetrarem nesta aura de incubação os seus ovos poderão gorar e o amor pode ficar preso para sempre nesta vida no apego e no ego. Se, ainda existem questionamentos quando passamos as lições e não conseguem fazê-las, esquecem ou acham que não precisam mais disso, que já fizeram as lições quando freqüentaram os bancos escolares, então, amados, cuidado com seus ninhos e os seus ovos de amor.

O pássaro não pode deixar por muito tempo o ninho, o calor de seu corpo é primordial para o nascimento do filhote. Portanto, o seu calor, a sua vontade, o seu desejo são necessários para essa grande lei vigorar.

Quando os discípulos que quero ensinar são tão difíceis ainda, como podem dar o calor para chocar esse sagrado ovo?

Se não crêem, não têm fé e não fizerem o que pedimos, que é tão pouco, como querem que o interruptor dessa luz acenda sozinho? Impossível, nesta incubadora não adianta colocar luz artificial, pois o ovo não nascerá. A luz da instrutora de vocês não fará os seus ovos quebrarem e os seus pássaros ganharem asas fortes para alcançarem o céu. Serão pássaros feridos, caminhando e não podendo voar.

Aqui dentro do Templo pensem com o coração, venho falando há muito sobre isso nessa casa de amor. Aqui é um grande ninho, cada um de vocês é um ovo que nós estamos dando aquecimento para poderem ter força para quebrar as cascas. Lá fora vocês mesmos deverão ter força suficiente nos seus pensares, lavarem suas mentes, seus pensamentos para não deixarem gorar o ovo.

Penso que muitos já presenciaram quando uma galinha está chocando, ou um pássaro faz seu ninho na varanda de uma casa. Muitos já acompanharam a beleza da natureza. Aqui dentro estamos todos juntos dando força, mas lá fora cada um deverá fazer sozinho a sua parte. Ninguém fará seus ovos quebrarem e, se quebrarem antes da hora irão morrer.

Calma, angústia não opera milagres, mas sentimento de paz e tranqüilidade sim.

Paz, paz e se disciplinem amados, é tão pouco o que pedimos, poderíamos dar lições todos os dias, no entanto, damos as lições e vocês levam meses para as fazer.

Crianças indisciplinadas, isto é ego absoluto e resistente. Deixem, não tenham medo, deixem o ego morrer para poderem renascer.

Renascer, viver
Crescer, entender,
Abrir as asas para o mundo
E, voar, voar
Ser o mundo
Os oceanos
Toda a terra
Todo o ar
Todo o fogo
Do amor.
Rasgar todos os véus
Ser todos os véus
Infinitamente grande
Infinitamente pequeno
Simplesmente ser".

Devoção e simplicidade

"Entrar em estado de devoção! Quem nunca sentiu no momento da prece?

Algum dia na vida foram capazes de não fazer maquinalmente uma prece e entraram de verdade em estado de devoção?

Se já sentiram a sensação de paz sabem das diferentes reações em todas as situações que se envolvem e que, mesmo sem querer, parentes, amigos ou colegas de trabalho chegam até vocês.

Sejam simples e não dispersem energias. Não procurem nas histórias mirabolantes dos outros encontrar respostas, dentro de vocês mesmo é possível encontrar a forma de responder as perguntas dos descrentes e incrédulos. Respondam simplesmente, sem ansiedade, cuidando para não falar o que não pode ser falado.

Ao serem simples caminham em paz, quanto mais pensarem em dar ou receber respostas para suas perguntas mais perguntas terão.

Devoção, entrar no silêncio meditativo faz com que as respostas sejam dadas, já falamos muito disso para vocês.

Quanto mais conseguirem o estado de devoção na simplicidade menos perguntas terão e se aproximarão da verdade, do absoluto, do estado de Buda.

Amados, amados, porque todos são muito amados: as respostas estão dentro de vocês, mas, para chegar as alcançar quantos passos serão precisos? Ou nada será preciso?

Simplicidade e devoção ou devoção e simplicidade.

Fiquem presentes, não se ausentem de vocês, lá fora estejam alertas para, ao se ausentarem de si mesmos, possam compreender o tudo e o nada.

Ausência e atenção.

Atentem para tudo: desde o vôo de uma mosca, de uma borboleta, de um pássaro e depois se ausentem para as respostas acontecerem. Logo conhecerão a ausência do medo, da raiva, da mágoa, da dúvida, do poder, da satisfação, da felicidade, dos opostos e encontrarão o caminho da plenitude.

Ausentar para depois matar o ego ainda tão presente.

Atenção é necessária em tudo, nas pequenas coisas. Notem, agora, se isto ainda atrapalha os seus pensamentos. Devagar vão dissociando o que os outros fazem e se limitando ao que é feito pela sua individualidade.

Noto que alguns não perceberam os ensinamentos e desgastam energias em pensar, porque os outros fazem certas coisas. Pensem em vocês mesmos e esqueçam o que eles fazem.

Agora é devoção é simplicidade no caminhar, todavia, terão que aprender o que é devoção e simplicidade dentro da disciplina. Quanto mais disciplinados forem mais devoção e simplicidade serão.

Todos são muito amados".

Instinto, razão e emoção

"Vocês estão lembrados dos três poderes de seu país na Terra? Legislativo, Executivo, Judiciário.

Lembram do poder das três odes?

Ode do amor, da sabedoria e da paz.

Instinto, razão e emoção também são três poderes da consciência que o amor universal não ignora.

Sob qualquer aspecto, se for do instinto, da razão ou da emoção vocês também poderão encontrar o amor incondicional, porque todos os tipos de amor podem explodir em uma labareda divina e escorrer por suas veias, por seu sangue e liberar as forças do: 'Senhor, fazei-me um instrumento de Vossa Paz'.

Não pré-ocupem seus pensamentos com o momento no qual estão vivendo ainda na carência desse amor, pensando que precisam de amores conhecidos do ego.

Limpar as mentes de todos os resquícios do passado leva tempo. Tempo esse que todos têm e de sobra, suas contas matemáticas apresentam algum saldo para usarem no aprendizado do bem, exercitando assim a caridade.

Instinto, razão e emoção são componentes tradicionais do cérebro e do coração. Sensações, medos, pois todos já passaram por várias provas e testes, estabeleceram contato com momentos felizes, de plenitude e gostariam que este estado permanecesse na vida para sempre. E, é isto que devem exercitar mais e mais, deixando esses momentos ficarem mais tempo nos seus sentidos até se tornar pleno de acordo com o que cada um é.

Desse modo, mais uma vez chegamos na mesma tecla do piano e ela já está até desgastada de tanto tocarmos: aceite seu irmão como ele é.

Não façam da presença de algumas pessoas suas únicas razões de viver.

Quanta razão na beleza da vida de todas as coisas diferentes!

Pensem que se não fossem as diferenças não precisariam viajar para conhecer mais, porque saberiam ser tudo igual, quantas coisas não haveria necessidade de fazer, pois tudo seria da mesma forma.

Pensem, sintam e analisem as conseqüências que acarretariam, do como aprender.

O amor universal jamais é radical. Ele É, por conta dessa palavra magnânima e total: AMOR.

Condições são vocês mesmos que impõe, prendem em sentimentos mesquinhos.

Agora é hora de mudar os pensamentos, atos e atitudes, nisto não há sofrimento, há somente uma mágica divina praticada para si e a abundância jorra como um manancial de águas cristalinas sem culpas, sem medos, sem mágoas, sem raivas, somente um rio em busca do oceano para se dissolver em vida na fonte plena.

A sua vida, o seu viver.

Muita paz, amados e queridos, todos são passos para o grande acontecimento, tudo será luz.

Não prejudiquem o andamento normal de suas vidas.

Querer é poder.

Queiram mudar os deslizes que algumas vezes acontecem.

O Anjo Rafael poderá transmutar as energias.

E, querer é com vocês, seguir avante quando dizemos: na guerra ou na paz cumprindo o dever.

Esta nação é o símbolo do poder, mas deverão ser o começo desta revolução interior de cada um. E, não se trata das revoluções que os antepassados faziam se armando com armas mortíferas e matando os irmãos.

Não tenham receio das revoluções interiores, não sejam vítimas dos próprios pensamentos.

Saiam vitoriosos dessas lutas amando cada vez mais, se isto é possível, abarcando o mundo em suas mãos como nossa discípula fez, abraçou o mundo e conheceu a vitória e os braços dela ainda estão crescendo para abraçar muitos mais, porque este manancial cresce, cresce cada vez que percorre o Brasil ou o mundo, no físico ou em viagem astral.

Ela usou o mental, o espiritual e o físico, o instinto, a razão e a emoção, foi criticada, invejada e até discriminada por alguns, mas passou e conseguiu. Agora, cada um também irá conseguir, aos poucos todos subirão no *podium* do amor.

Amados, amamos a todos, pois se fazem amados".

Saber...

"Um especial, um missionário do amor não precisa mentir ou omitir, porque se fizer isso não terá paz, sua vida será sempre conturbada.

Se já agiram dessa forma, achando que ninguém descobrirá as mentiras e omissões, estão enganados, porque mais dia menos dia tudo será descoberto.

As vibrações desses atos são permissivas e acabam conturbando a psique.

A luta entre a verdade e a mentira sempre se agiganta, se avoluma englobando outros atos feitos, e no mentir, as vibrações do medo de ser descoberto acarretam grandes problemas, muitas vezes indissolúveis ao modo de ver ou rever suas vidas.

Por que colocam lenha nas fogueiras que deveriam ser apagadas?

Por que lutam desesperadamente pela felicidade se a felicidade é a simplicidade do viver?

Por que querem salvar suas emoções sofrendo o apego?

Nós não queremos conturbar suas histórias, nós queremos ajudá-los a se desprenderem das coisas, das pessoas e continuam se apegando aos outros. Isto não é amor incondicional, isto é fraqueza, vulnerabilidade, insuficiência do amor de Deus, falta de humildade, ego.

Por que o medo de chorar se já o fazem e acham que choram pelos outros por causa de amor?

Não amados, estão chorando pelos seus egos que não querem desprender.

Que capacidade tem o ser humano!

Capacidade de ser um Sucesso e às vezes se tornam fracasso com medo da perda.

Ficam com pena de si mesmos, não querem passar pelo sofrimento da perda e sofrem, choram então por tudo.

Nós dizemos sempre aqui: sejam corajosos.

Esse mundo é maravilhoso para os aprendizados.

Saber entrar, saber sair.

Saber amar sem esperar nada em troca.

Deixar o objeto do amor no fundo, guardado para o tempo certo.

Saber que estão chantageando os próprios sentimentos e os dos outros.

Saber o que vai acarretar qualquer ato que desconcerte alguém, também porque este alguém pode ser você mesmo.

Saber ser gigante e saber ser a formiguinha.

Nada mais maravilhoso do que se sentir formiga e ser um gigante.

Saber lutar pelas coisas boas que Deus os ajudou a possuir.

Saber ser humilde e não ter medo de chorar hoje, para que suas lágrimas depois não sejam de sangue.

Saber a hora de ir e de voltar.

Saber que a paz é tudo para um caminhante, que o único desejo dos caminhantes deveria ser: a conquista da paz. Com a paz encontrarão a verdadeira luz, sem paz podem ficar alegres, satisfeitos por alguns instantes e logo depois o medo e a incerteza podem estar povoando seus pensamentos.

As janelas das casas foram feitas para a entrada de ar e claridade de fora. Abram as janelas para suas vidas e deixem o ar e a claridade entrarem, de outra forma, ficarão sufocados no reinado do ego.

Não esqueçam que tudo passa, o que fica são os seus sentimentos e a luz que conquistaram para si mesmos.

Saber se curar de todas as doenças, principalmente das traições, mágoas, raivas, pois essas são as piores doenças e, no entanto, têm medo do câncer, da *aids* e de tantas outras.

Curem-se, amados, nós os ajudaremos desde que tomem as decisões certas.

Amamos vocês".

Ao povo curitibano

"Fragmentos do coração divino todos são: ricos ou pobres, pretos ou brancos, vermelhos ou amarelos, jovens ou velhos.

Todos os nossos corações estão unidos em uma grande corrente para salvar a humanidade. Não pensem que são pequeros demais, poucos demais.

Foi aberto em sua cidade um grande canal de luz para os iluminar nestes 311 anos de existência, ano em que o número 5 traz a espiritualidade com a força da luz.

Muitos que nunca pensaram em buscar um caminho começam a ficar ávidos pelo conhecer.

Cante povo curitibano, pois aí nasce um grande amor, um centro espiritual de cura para todos.

O Filho será parido e a mãe cuidará dele com grande desvelo e as irmãs conhecerão cada vez mais o poder da fé e da coragem, e os irmãos de fé sobreviverão às lutas.

Que corrente maravilhosa de corações que poderão abarcar essa cidade, esse país, esse mundo. Que fato, que acontecimento sublime, e, tão poucos sabem da grandiosidade deste ano para a cidade de Curitiba.

O portal está aberto, o canal de ajuda dos outros mundos foi solidificado, não temam nada, pois são os verdadeiros filhos da luz brindando esta data tão significativa.

O grande filho emerge do sulco da terra para prover os frutos da ajuda a todos.

Vocês acompanharão esse crescimento e ganharão a luta.

Conhecendo-se, elaborando seus pensamentos criarão as suas vitórias. Compreenderão tudo o que passaram e viverão em paz.

Concedemos em igual para todos, mas alguns ainda se acham em defasagem em relação aos demais e os pensamentos brigam, a luz briga com as trevas, pois não conseguem ver a diferença com amor. No entanto, tudo é normal no plano em que vivem, já que resolveram acordar e rasgar os véus que os encobrem.

A filosofia está pronta, é somente a fé que une esses corações e desses aos demais formando assim a grande corrente em busca da quarta dimensão que vai cada vez mais se fortalecendo até abarcar a todos, para a Terra navegar em águas tranqüilas.

Ao povo curitibano: parabéns!

Aos filhos da luz façam por merecer o nome que ganharam. Existe trabalho árduo pela frente e se não compreenderem a luta desistirão e não conhecerão o filho do amor.

Parabéns, são fortes por mais que pensem que são fracos. Têm tanto e pensam que não têm nada. Das provas e dos testes não poderão fugir estando aqui ou em outro lugar".

Eu Sou a Fé

"A comemoração da fé, da fé de todos que crêem na Ressurreição de Jesus Cristo. O Cordeiro que se fez carne e habitou entre nós.

Divina sabedoria do Pai que prova em todos os momentos ser a Sabedoria Suprema, dando aos seus filhos as condições de demonstrarem ser quem são, como aconteceu com Jesus.

Comprovar que era filho de Deus não foi fácil. Jesus teve que provar para os outros, irmãos que viviam junto a Ele.

Hoje, cada um de nós deve provar a si mesmo as capacidades de crer e existir em Deus e provar a si próprio, não é diferente a morrer na cruz.

Diferente por um lado e igual por outro, porque ninguém se põe no lugar Dele para saber se é capaz de suportar o que Ele suportou por amor a nós.

Todos são egoístas no amor, querem para si e para os amados, o resto é o resto.

Compreendam que todos deverão demonstrar para si a força e a capacidade de amar incondicionalmente.

A fé tira o ser da razão, do ego e o capacita para o amor. A capacidade do perdão aparece quando a fé já exerce o poder no ser, aí aparece o amor.

Fé – Amor – Perdão, três virtudes essenciais no ser.

Hoje comemoramos não a morte e sim a vida, não devem ficar tristes e sim alegres, porque um Avatar Divino sofreu e morreu para que seus irmãos pudessem aprender. Ali mesmo na cruz Ele provou quando Dimas, o ladrão, disse: 'Eu mereço estar aqui, mas vós?'

Ele respondeu: 'Hoje mesmo estarás comigo no céu'.

O arrependimento colocou fim ao sofrimento de Dimas.

'Pai, perdoai, eles não sabem o que fazem'.

Ainda procurou não acreditar na maldade dos homens e sim na loucura, que é uma doença. Também demonstrou que era humano.

'- Pai preciso ainda beber esta gota?'

'- Sim, filho, foi isto que foi fazer nesta Terra, ajudar os irmãos terrenos'.

Todos choraram e ainda hoje choram pela maldade ou pela loucura, pela falta de amor, pelas doenças, pela incompreensão.

Amados filhos da luz, aprendam, desenvolvam a capacidade de amar sem ser amado, compreender sem ser compreendido, pois é dando que se recebe e dê para receber, distribuam sorrisos, abraços, calor humano, só assim poderão compreender o que é dar, como Jesus deu a nós o seu Amor".

'O mundo está em perigo'

"Se aparecesse um imenso *outdoor* onde se pudesse ler: 'O mundo está em perigo', todos pensariam se tratar da propaganda de um filme ou alguma outra coisa na qual estão querendo chamar atenção.

É dificílimo pensar que algo pode acontecer onde o mundo inteiro venha a sofrer, mas, todos os dias, em todos os momentos o mundo passa pelas transformações necessárias para sua própria evolução.

Deparar com um cartaz desses e ele não chamar a atenção é quase impossível.

O mundo de cada um é um pequeno mundo no qual vivem e por mais que não o considerem bom, é o seu mundo.

Por que não podem crescer de uma vez por todas e viver neste mundo como se ele fosse um lugar maravilhoso de paz?

Olhamos, sentimos e acompanhamos toda a situação do planeta com muito amor, mas vocês não têm o mesmo sentimento que o dileto filho de Deus ensinou.

Foi adiada a drástica decisão algum tempo atrás, devido aos muitos grupos formados na Terra que com amor trabalharam incansavelmente na energia para o Brasil e o mundo.

Resolvemos colocar esse processo em evidência novamente para que trabalhem certo, vivam certo e amem verdadeiramente, pois só assim conseguirão reverter o caos que se aproxima.

O que cada um vive retornará a si mesmo multiplicado, seja bom, mais ou menos, ou ruim. Preparem-se para receber, porque hoje têm a consciência de tudo, muito já ensinamos.

Lembrem-se sempre do grande Avatar cósmico: Jesus Cristo.

O que Ele experimentou na Terra!

Somente uma grande alma se proporia a chegar aqui e viver tudo o que Ele viveu.

Orai e vigiai. São tempos difíceis, às vezes para uns, ora para outros.

O mundo de cada um passa por transformações.

Não perguntem porque Deus deixa tais coisas acontecerem, antes digam: obrigado Pai, por eu poder compreender; mesmo que na hora seja difícil.

Tudo o que fizeram pode deixar saldos positivos ou negativos.

Ajam, ajam no não agir.

Peçam o que de direito é seu neste Universo.

Paguem ou recebam o que lhes pertence com muito amor.

Escutem o pulsar de seus corações e perdoem na fé que seus pensamentos os acompanharão.

Celebrem os seus dias sejam tristes ou alegres, sejam de sol ou de chuvas, seus dias ou suas noites.

Celebrem e louvem o seu mundo, os seus mundos.

No meio do turbilhão sejam paz, cantem e elevem suas almas em meio a multidão de almas.

Louvando encontrarão os seus mundos maravilhosos, os seus aprendizados, mesmo que muitos chorem e ainda não consigam ver a luz no final do túnel, não esqueçam: 'O Pai tudo provê ao filho que merece', ainda que aos nossos olhos, às vezes, pareçam não merecer.

Sejam as luzes do mundo.

Amamos a todos".

'O mundo está em perigo II'

"Orando e vigiando os seus sentimentos, emoções e atitudes tomadas nos momentos difíceis logo se aliviarão dos desesperos.

O lado escuro é o intelecto que leva os seres a raciocinar sobre algo que aconteceu distorcendo a lição que se fazia necessária aprender. A agitação, o nervosismo é como fermento que cresce fazendo com que a mente não pense mais em ensinamento e o ego tome conta da situação fazendo com que se deixem enganar provocando até doenças físicas.

Tudo o que já passou volta com força vívida do momento. Deixam-se enganar pelo lado sombrio das suas mentes.

Falamos tanto, ensinamos muito, no entanto, qualquer pedra encontrada no caminho forma um obstáculo imenso e acabam não dando o passo que atravessaria sem grande dificuldade o estorvo e, as dificuldades se tornam maiores ainda fazendo com que saiam do caminho. Assim, seus egos falam: 'aqui não é o meu lugar; quero um tempo; agora não posso mais; não estou bem; não tenho dinheiro; minha doença não permite que eu caminhe..'.

Amados, o que os impede de aprender é somente o orgulho, o egoísmo ainda não liberado totalmente, não desvincularam esse poder que acham que conquistaram quando ensinamos que uma vez na vida era necessário fazer o seu Eu funcionar dizendo: em primeiro lugar sou eu, em segundo lugar sou eu, em terceiro lugar sou eu e em quarto lugar os outros. Agora estamos ensinando: 'Eu Sou o caminho, a verdade e a vida; Eu Sou a luz; Eu sou a paz; Eu Sou o amor; Eu sou a porta aberta que ninguém pode fechar'. É simplesmente Eu Sou o que sou. Com dinheiro ou sem dinheiro, com um companheiro ou sem um companheiro, com doença ou sem doença. Eu Sou o que sou.

Procurem de uma vez por todas tirar e buscar a força dentro de vocês mesmos e eliminar o medo do depois, do amanhã, o medo de se olharem no espelho e verem um desconhecido. E, quando estão nessas fases realmente se desconhecem, às vezes chegam até à agressão física ou moral com seus semelhantes.

O mundo está em perigo.

Vocês amados são as alavancas do mundo melhor, não deixem os seus pequenos mundos mancharem com manchas roxas, tais como quando batem o corpo e surgem esses machucados.

As manchas que enegrecem seus espíritos em muitos casos são fatais como o câncer que corrói o corpo. Elas corroem os seus espíritos e não conseguem mais se livrar nesta vida.

Procurem acalmar suas mentes, soltem seus pensamentos, aliviem suas tensões, alisem suas testas, joguem fora suas preocupações e se entreguem por inteiro ao amor.

Enquanto não souberem lidar com o dinheiro, enquanto corromperem com vícios os seus corpos, não acreditarem na paz, no amor e no mundo não terão felicidade.

E, deste ponto é que vem o que os eruditos e filósofos que passaram pela Terra diziam: 'a felicidade é feita de pequenos momentos; a felicidade não existe, olhem para os lados e verão'.

Muitos escritos são lixos das mentes poluídas e manchadas pela raiva e pelo ódio de ver os outros felizes. Mas, cada um vive o que plantou para si mesmo.

Eu já não disse aqui que quem planta limão só pode colher limão?

Cuidado com suas línguas são mais afiadas do que uma faca. Dizem coisas que magoam profundamente aos outros e muito mais a si próprios.

Tantas vezes se tivessem ficado de boca fechada teriam evitado muitos dissabores. Não sabem ainda discernir o certo do errado, do falar na hora certa, do evitar certos encontros permissivos a sua saúde mental e espiritual. Não sabem controlar seus impulsos, não dominam seus instintos achando ser amor, ser a alma gêmea. Quanta ingenuidade!

O amor de almas gêmeas quando consegue se atrair e se reconhecer é grandioso, e quando os envolvidos sabem ser impossível viver junto nesta dimensão conhecem o amor fraterno, sem o instinto animal acabando por estabelecer nos seus mundos a paz, e não a discórdia. Amam, simplesmente amam, sem dor, sem mágoas só com a fé que os mártires conhecem.

Vocês sofrem porque estão acostumados e foi ensinado a sofrerem, mas passem por cima do sofrimento, o que um faz não é da conta do outro. As contas de cada um são únicas. Paguem sem pechinchar senão restará saldo. Cuidado, não deixem centavos para trás, pois eles acabam crescendo porque aparecem furos nessa contabilidade.

É muito fácil viver em paz dentro do Universo de vocês.

É simples e todos ganharam o maior presente: o livre arbítrio; para poderem discernir o certo, o verdadeiro.

Muitas vezes em uma pergunta de prova devem responder se é falso ou verdadeiro, é a mesma coisa, só que se responderem **falso**, deverão agir de acordo e se responderem **verdadeiro**, as suas ações também não podem soar diferentes. Se pensarem e souberem ser verdadeiro e agirem pelo instinto saberão estar atuando errado, estarão se complicando e comprometendo os seus mundos.

Na hora em que as máscaras caírem restará o choro e o arrependimento pelas ações erradas e o ir novamente à luta.

Pensem, por favor, nas conseqüências dos seus atos!

Não destruam os seus pequenos mundos, pois o mundo em que vivem necessita da precisão deles. O mundo de cada um faz parte do mundo maior.

Beleza ou destruição. Já se destruíram em guerras, em mesquinharias, por querer mais do que o outro.

É claro que existem diversas classes sociais, não pode ser diferente na Terra, pois é terceira dimensão e esse é o aprendizado de todos os espíritos que reencarnam aqui. Espíritos bons vêm para desenvolver e ajudar e às vezes se corrompem pela ignorância da matéria. Pensam que sabem tudo e acabam descendo vários degraus que já subiram.

Estão tendo nova oportunidade de se redimirem e caem de novo na ignorante inteligência da matéria. É bem verdade que todos sabem as verdades, mas muitas vezes não querem recorrer ou se entregar ao Pai para viverem melhor, porque na inteligência, na ciência, acham inconcebível a simplicidade da vida, a complicam para mostrar capacidade.

O agir no não agir, o viver em paz mostrará as suas capacidades de ser. Não precisam gritar ao mundo que todos estão errados, que só vocês são certos. Façam seus mundos crescerem em harmonia e paz, sejam capazes de mandar embora a tristeza, o orgulho, a vaidade e o ego.

Ajam dentro das suas verdades e aceitem as verdades de cada um, assim estarão sendo sábios, e seus pequenos mundos irão crescendo e ensinando aqueles que os rodeiam. Crescer até que todos os pequenos mundos sejam de paz, até que o mundo maior também seja de paz.

Amados, queríamos poder fazer com que cada um aceitasse plenamente essas verdades, infelizmente ainda vemos alguns abatidos dentro de seus pequenos mundos.

Os seus presentes, o livre arbítrio, ainda não conseguem compreender e querem que alguém lhes dê a receita da felicidade. Estamos lhes dando tudo o que podemos. Viver, cada um deve viver o próprio aprendizado, e muito feliz, seja o momento que for.

Aceitar, aceitação dos seus mundos nos mundos dos outros e o dos outros nos seus.

Amamos a todos igualmente".

Anjo Apmon

"Nas asas do Anjo Apmon
Um precioso fardo: alegria
Nas asas do Anjo Apmon
Um precioso fardo: Brasil
Que leva consigo o amor
Amor, força, fé, coragem
Povo varonil
Lutas com fé e harmonia
Na história do mundo
Mundo, mundinho, mundão
Crianças, adultos e velhos
Com força e poder
Dar as mãos e se unir
No velho mundo, no mundo novo
Brasil
De alegrias, e sonhos, de amores
Leva e traz esperanças
No verde, amarelo, azul e branco
E também no rosa fraterno
De todos os corações".

Liberem-se

"Realização pessoal, compreensão material, aceitação espiritual.

Todo aquele que deixar a soberba e o ego, sem buscar a admiração dos outros, sem querer mostrar aos demais, fazendo por amor, já mora no Eu Sou.

Eu Sou o tudo e o nada.

Todos ainda gostariam de uma receita para a felicidade, alguns não querem para si mesmos e sim para os outros. Esses aprenderam que é um mérito fazer tudo para os demais e, não deixa de ser, quando for por amor.

Vocês vão conhecer, presenciarão coisas que nem conseguirão acreditar. Vão conhecer muito, muito mais e pensarão que tanto conhecimento não caberá em espaço tão pequeno do cérebro. Ao mesmo tempo, esse espaço ampliará tanto que deverão acalmar seus pensamentos e mente.

Já começou a grande corrida e presenciarão os fatos que vão acontecer. Compreender e aceitar, só assim estarão preparados para o grande trabalho.

A base todos você já têm, não se perturbem e não corram na frente, acompanhem tudo para assim ganharem força na fé, na coragem de lutar.

Serão testados mais uma e mais uma e quantas vezes for necessário para se sentirem capazes e aceitarem o mundo como ele é; o grande mundo e os seus pequenos mundos. Quanto mais se debaterem, lutarem contra a maré mais difícil será a salvação. Nadem para a praia e não para dentro do oceano.

Uma gota pode se misturar ao oceano na mais pequenina onda que beija a areia da praia.

Faça cada um a sua parte.

Sejam honestos, sinceros, não enganem e não se enganem diante da construção que é realizada por cada um de vocês.

Este mundo deveria ser um mundo de paz, e esta construção deverá ser de muita paz e não o contrário;

Quando muitos se dão as mãos formam-se energias.

Pensem comigo quantos tipos diferentes de energia temos só hoje aqui e quantos grupos de energias distintas que trabalham no Templo.

Vocês perceberam que cada um é uma pecinha desta engrenagem ou uma célula deste corpo?

É um tipo de energia que transcende os limites humanos, por isso, vocês amados presenciarão coisas que depois pensarão: isto aconteceu realmente?

Porque a mente humana ainda luta contra a luz do Pai sendo que é parte dessa luz, que é uma célula também dessa luz.

E, Jesus disse: 'por que salvar sua vida pedindo comocidades exageradas? Assim a perderá. Quem quer perder sua vida por m m (por amor a verdade, amor aos demais, buscando no fundo do Espírito Infinito) a encontrará ali'.

A hora em que todos se liberarem das enfermidades, do pesares, dos erros transformar-se-ão no sol iluminando os demais.

Tudo o que pensarem, serão. Liberem seus corpos das amarras: 'ai minha doença, ai minha dor'; falar minha doença é estar fixando-o cada vez mais.

Liberem-se de tudo o que não for luz, da doença, da mancha negra. Falta de material é mancha negra, liberem-se dessas angústias, deste 'coitado de mim, sofro muito'. Passem por esses momentos de cabeça levantada, olhando de frente nos olhos do mal e não acreditem tanto nele, acreditem na luz que já conquistaram, no sol que brilha todos as manhãs ao levantarem, cantem hinos por estarem ainda na Terra cumprindo suas missões e em um lugar de luz.

Tirem as trevas dos pensamentos negativos de suas cabeças que são nuvens negras que não trazem as chuvas benéficas, mas as chuvas que destroem as plantações boas que estão fazendo, e às vezes não sobra nada, só as futilidades permanecem.

Deixem apenas nuvens brancas passageiras que em alguns momentos encobrem o sol para fazer um pouco de sombra e aliviar o calor. Somente isso, aliviar o calor dos dias quentes demais.

O Grande Jesus ensinou o caminho:

'Amai-vos uns aos outros assim como Eu vos amei'.

Em vez de odiar, amar.

Em vez de se vingar, perdoar.

Em vez de querer, dar.

Aí está a verdade e a vida. A liberdade tão sonhada. A paz esquecida e agora buscada e vivida.

Sejam as cores do prisma.

Sejam luzes, amados filhos da luz".

Os dois lados

"Todo ser humano possui dois lados: masculino e feminino, bem e mal, escuro e claro, doença e saúde.

O equilíbrio está no conhecer o lado masculino e ver do que é capaz com essa energia, conhecer o lado feminino e também ver do que é capaz.

Aproveitar a energia masculina que é mais densa e equiparar na mesma proporção a feminina, controlando o corpo energético.

Estar no bem, mas também conhecer o mal para não se deixar dominar, pois são energias sutis da compreensão do corpo astral.

Perceber o escuro, porém comandar o claro. A claridade para todos os corpos energéticos.

A doença às vezes vem sem menos esperar, quando se está numa fase boa da vida ou quando se está passando por crises existenciais, econômicas, afetivas ou profissionais. Geralmente depois das crises é que o corpo físico se abate. Costuma-se dizer que quando a mente relaxa o físico recebe a carga do estresse que a mente viveu e quando passa o momento da tristeza e da angústia o físico enfraquece podendo acontecer a doença.

Para desfazer essa programação é necessário equilíbrio mental, força de vontade, desejo de se curar, amor por si mesmo, não ter medo, compenetrar-se no lado claro sendo somente luz e paz.

Relaxar sempre que for possível e direcionar energias puras para o corpo, principalmente aos órgãos afetados, sendo que, muitas mortes são necessárias para a evolução.

Todos os processos de doenças são pequenas mortes, para se poder compreender o desencarne no dia que está escrito, para se sair de uma dimensão, entrar em outra com a consciência em paz.

Compreendem, quando Jesus, pregado na cruz ainda disse: 'Pai, por que me abandonaste?'

Ele sabia de tudo, mas ainda com o corpo humano sendo castigado, por um momento esmoreceu.

Quem no pior momento da vida não sente as forças quase indo embora?

No entanto, tudo é lapso do momento, logo passa quando a compreensão existe. Por isso dizemos que se for preciso chorar, chorem, aliviem o coração.

Quando já perceberem as energias e já se conhecerem, passar pelas provas ficará mais fácil.

Todavia, há muito a discernir ainda.

Procurem notar o vento, ele sempre sopra para o mesmo lado? De acordo com o vento, as tempestades vêm e vão. De acordo com o que vocês são, vocês recebem.

Anjo Rafael, me cubra com o manto da cura divina, curando meu corpo, meu espírito e principalmente minha mente, porque essa é envolvida por todos os tipos de pensamentos, que seja curada de todos os sentimentos de baixa evolução que causam as doenças físicas. Que seu manto de cura restaure tudo o que não for de luz. Assim seja".

Renascimento, renovação

"As perdas dos companheiros que fazem a grande viagem ainda é sofrida, pois além do caminhante ir, existe o sofrimento dos familiares que às vezes não conseguem aceitar a única coisa que não se pode mudar.

Outros aceitam, mas a luta com a saudade, com o amor apego é difícil. Tudo são lições que devem aprender.

Muito têm aprendido, já deveriam estar aceitando tudo o que não podem mudar, sofreriam menos.

Aceitem as transformações, elas são como mudança de casa onde fica tudo desarrumado, e que aos poucos vão colocando em ordem e sem menos esperar a casa está pronta. Coordenem os pensamentos um a um e logo passarão também por mais uma mudança.

A palavra para vocês é renascimento, renovação.

Renasçam da tristeza.

Renasçam da saudade.

Renasçam da incompreensão.

Renasçam das lutas.

Renasçam da dor.

Deixem renascer as esperanças.

Deixem renascer a fé.

Deixem renascer a caridade.

Deixem renascer a compreensão.

Ganhando essas lutas todos vocês crescerão e evoluirão mais.

Capítulo encerrado do livro e outro começa já muito interessante aguçando os sentidos para a leitura rápida.

Quantas vezes pegam um livro para ler e com outros afazeres o livro vai sendo esquecido, até desejam saber o fim da estória, mas não conseguem prosseguir. Vocês têm um tempo para assimilar a leitura.

Com este novo capítulo que começa agora deverão ter muito cuidado, calma e paz. Poderão não assimilar e não entender. Com seus cérebros somente vão pensar, esquecendo do coração e isso poderá os levar a se sentirem em um oceano, perdidos.

Este capítulo será longo, no entanto, de uma beleza sem igual para os que avançarem com paz e bondade, coração e mentes limpos, vencendo os egos e equilibrando os pratos da balança.

A vida é tão cheia de imprevistos que tudo que se prevê, passa com mais facilidade.

Vocês lembram do tema: igualdade, fraternidade e liberdade?

Como ainda continuam tropeçando nos ensinamentos?

Tudo temos que os ensinar, pois são igualzinhos a crianças que esquecem facilmente. Algumas coisas não lhes interessam na hora, porque não estão vivendo aquela situação, depois não se lembram de procurar nas suas anotações o que já ensinamos sobre aquilo.

Por que se sentem tão humilhados quando deveriam ser humildes?

Vejam, ainda o ego é tão grande e indefinido.

Os sapos ficam engasgados na garganta, porque pensam que não deveriam mais aprender desse modo. Nós também não queremos ser sapos entalados em suas gargantas, não foi para isso que viemos ao planeta Terra. Viemos ajudar com amor, não somos sapos, somos instrutores da Lei Imutável Amor.

Nossa discípula digere tudo, não engole sem saber o porquê, pensa com o coração e a razão. Sabemos que para ela é mais fácil, já passou o tempo mais difícil, é só amor. É leve como uma pena, é simples de lhe ensinar e para ela é tranqüilo de lhes passar os ensinamentos, pois não sofre mais por este ou por aquele, sabe que uns vão, outros vêm e aquele que foi mora em seu coração. Tem a consciência aberta e o comando em suas ações, nos entrega a alma com a coragem de uma guerreira, sabendo que pode ganhar e pode perder, mas não questiona, visto saber: o que tiver que ser, será. E, não é por isso que deixará de lutar.

Sabemos e todos vocês sabem que é bem fácil falar na igualdade, fraternidade e liberdade, mas agir...

Tudo parte de dentro e não de fora e enquanto ainda não se conhecerem, não poderão saber o que isto significa na realidade, pois, nem na realidade alguns vivem, existem de aparências e nada mais.

Aparência é aquilo que gostariam de ser. O que são de verdade, não mostram e se escravizam naquilo que os outros vêem.

São vermelhos, mostram-se cores-de-rosa e os outros os vêem amarelos.

Compreendam, é só uma analogia. Não levem ao pé da letra, senão daqui a pouco não teremos trabalhadores e precisamos de vocês, inteligentes, sapientes, eruditos, filósofos, curadores, doutrinadores, doutores no que fazem com ou sem um diploma terreno, com conhecimento de causa.

Vamos nos conhecer melhor não pelo ego e sim, pela paz que envolve o momento".

Terra Prometida

"Filhos amados de meu Pai:

Hoje vou explicar algumas coisas que deduziam, mas não tinham certeza.

Povo de Israel buscaram a terra prometida, muitas foram as andanças para encontrar.

Lembranças de uma terra gloriosa nas mentes e no físico, dor, sobressaltos vividos, dificuldades e sofrimentos são descritos no Livro Sagrado.

Precisam saber o momento certo de separar o joio do trigo, senão, suas colheitas serão escassas.

É natural que somente a parte boa da história fosse contada, se assim não acontecesse, hoje os que buscam compreender não estariam buscando.

'Buscai e achareis.

Batei e a porta se vos abrirá!'

O povo de Israel não é naturalmente composto só desse grupo, muitos estão batendo em outras portas, atrás da terra prometida.

Nascendo de nação em nação para poderem compreender quando aqui chegassem.

Aqui chegam e alguns ainda partem para outros lugares da Terra, porque não podem compreender o que foi escrito, e, não sabem o momento de separar o joio do trigo.

Quem tem olhos para ver, que veja.

Depois de tanta busca, tantos caminhos percorridos, ainda há dúvidas sobre o país, sobre si mesmos e sobre os outros.

Quando a visão está fechada a luz de um pequena vela pode ofuscar.

O que se falaria então da luz de Deus?

É muita luz para alguns poderem permanecer. Mas, eles também retirarão seus óculos um a um até a luz não mais machucar seus olhos.

Fecham-se dentro daquilo que aprenderam e consideram verdadeiro.

Povo de Israel, Portugal, Brasil, buscando a terra prometida chegaram a ela no momento em que quase não se acreditava que era possível viver em um mundo melhor, em mundo maravilhoso, mas é possível sim, não desistam de correr atrás dos seus sonhos, pois eles podem se realizar. Porque chegaram, porque é agora a hora de realizarem uma grande obra de amor.

Vocês conhecem a frase: 'quando o discípulo está pronto, o Mestre aparece'. Por que em vez de o discípulo reconhecer, ele fica com medo da responsabilidade, com medo da luz?

Porque eu já disse que a luz da vela ofusca seus olhos. O discípulo não pode reconhecer um Mestre quando não está pronto e se recusa terminantemente a caminhar.

Mesmo com toda a história contada no Livro Sagrado ainda fica mais difícil compreender, porque cada um aprende o que a consciência está pronta para receber. Em tudo é assim, nos estudos escolares também alguns se entregam, em outros, as verdades são conduzidas pelo mental.

Estão na terra prometida e agora não sabem o que fazer para a libertar das drogas de todas as espécies, da razão que todos querem ter e no fundo sabem o que já fizeram e que devem pagar algumas moedas por essas dívidas que ficaram desde os remotos tempos.

Aceitem a terra prometida que tanto buscaram como ela é. Procurem fazer suas partes e não esperem muita coisa, porque as dívidas ainda são muitas, para muitos.

Encontrar a terra prometida não significa que o leite brotará das rochas e o pão virá do céu. Significa aprendizado, aceitação, sabedoria.

Aprender a convivência do 'amai-vos uns aos outros assim como Eu vos amei'.

Não só Jesus, o Cristo, e sim o Cristo interior de cada um.

Jesus deixou as maiores lições, agora a cada um cabe a compreensão deste Cristo que Jesus conquistou, pela justiça, fé e amor.

Muitos são justos e ainda não têm fé ou amor.

Muitos têm fé e não conseguem ser justos ou amar.

Muitos amam, mas o amor conveniente para si e então não percebem a fé com sentido.

Daí sim vem o ensinamento.

'Ainda que eu fale a língua dos homens e dos anjos, se eu não tiver amor, serei como o bronze que soa, ou como o címbalo que retine. Ainda que eu tenha o dom de profetizar e conheça todos os mistérios e toda a ciência; ainda que eu tenha tamanha fé, a ponto de transportar montanhas, se eu não tiver amor, nada serei'.

Se eu ainda tiver inveja, orgulho, vaidade ou mesmo sentimento de inferioridade, estarei indo contra o meu Pai, porque sou feito a sua imagem e semelhança, neste caso, ainda ignoro quem sou.

Não se inferiorizem e não se considerem o máximo, porque leram alguns livros, porque são estudiosos, afinal, também podem ler todos os livros da Terra e mesmo assim não entenderem o amor supremo.

Sejam apenas vocês mesmos sem se julgarem, sem se perguntarem: quem sou eu?

Você é você e isto basta.

Encontraram a terra prometida e vieram para ajudar, para serem jardineiros, ajudarem a separar o joio do trigo.

Na hora certa saberão quem são, de onde vieram e para onde irão.

Este é o destino de todos os filhos da luz.

Vir, ver, gostar e voltar ao antigo lar.

À luz.

Por mais que sejam os maiores sábios da Terra, ficarão muitos mistérios a serem revelados.

O olho de Deus a ver tudo é a prova disso.

Onde estiverem e como tiverem, lembrem do olho divino que tudo vê e tudo sabe.

Desvelar todos os mistérios na Terra é humanamente impossível, então, o que resta?

Aceitar e amar plenamente, e, isso também é quase impossível.

Digo quase porque alguns já conseguiram, muito poucos para tantos habitantes.

'Buscai e achareis.

Batei e se vos abrirá'.

Encontraram a terra prometida, agora lutem por ela, por vocês, para ver o que há de bom e não a desmereçam, lutem, a força do amor dissolve qualquer dor até a dor da ignorância. Se amarem realmente, nada os impedirá de conhecerem a paz da terra prometida.

Que nada, mas nada mesmo, possa impedir os seus passos em rumo à vitória!

'Amo o Brasil em rumo à vitória!'

Amamos vocês que: vieram, viram, gostaram e ficaram.

A lição que cada um tira dessa mensagem deverá ficar gravada nas mentes para poderem se libertar dos pensamentos e atitudes erradas do passado. Somente com muita disciplina e ordem sentirão a verdadeira responsabilidade e, serão responsáveis, disciplinados e trarão consigo a paz que tanto almejaram.

Aos poucos compreenderão e verão que alguns momentos difíceis, já não são tão difíceis assim, embora outros ainda serão.

Tudo aos poucos, amados. Tanto dissemos para não se desesperarem. Verão que é assim mesmo. Se tivessem ouvido com disciplina os ensinamentos seria mais fácil o seguir em frente.

Muitas esquinas e bifurcações nas estradas da vida, e ainda não é fácil seguir um roteiro pronto. Às vezes, mesmo com o mapa na mão entram em uma rua contramão ou em uma esquina errada. Com calma sairão da rua errada e voltarão para a verdadeira para chegarem ao destino.

Caminhantes do amor, o destino é certo, o Pai o traçou, não busquem sair da estrada procurando encontrar um caminho mas fácil, pois não conseguirão.

O mais fácil se torna mais complicado. Nem sempre aquilo que vemos é o verdadeiro, e só unindo a mente e o coração é que sairão vitoriosos deste empreendimento.

Sim, é o mais empreendimento, o mais valioso, o mais fantástico, caminhar reto e encontrar a luz.

Que paz maravilhosa seria se todos conseguissem acalmar suas mentes e corações diante dos fatos escritos, prontos, que não se tem jeito de mudar. Isso é assim, as coisas do Meu Pai são assim e nada mudará, porque, desde que o mundo é mundo ficou desse modo feito.

Escrevam em seus cadernos a data de hoje, a hora, os minutos e aceitem esses momentos únicos, porque ele jamais voltará e cada um vai sentir como pode sentir.

Sintam que um véu se rasgou, sintam que a resistência se quebrou e se libertem dos grilhões e correntes que os amarram. Levantem a mão direita e digam: 'Eu Sou Paz, Eu Sou Amor'.

Saibam agora que a espada que pegaram é de luz e que podem afastar qualquer mal, desde que vocês se libertem de vocês mesmos.

Antigamente, nos idos tempos que aportavam na Terra, eram apenas ilusões, projetos de alguém divino creando a natureza humana, parecida com a divindade, tirando alguns enxertos daqui e acolá foi se formando uma grande colméia de trabalhadores para a evolução.

Caíram, levantaram muitas vezes por muito tempo, esse tempo que contam hoje também camufla o tempo que viveram antes desta nova era, ou melhor, depois do amado Jesus.

Vocês têm uma leve noção dos idos.

Alguns lembram algumas vidas, mas está muito afastada a consciência. Estas lembranças muitos véus não rompem e para muitos só são pontos. Por isso, demos a oportunidade para esse trabalho de mediunidade em grupos fazendo o que chamam de limpeza espiritual.

Em muitos casos até profissionais que trabalham com regressões ficam também sem saber o que fazer quando a mente do indivíduo não anda para trás, o bloqueio que aconteceu. Em muitos casos não é hora de trazer à tona certos acontecimentos, pois não pagaram ainda todo o preço dos seus erros.

Deverão se tranqüilizar que o que for para ser, será.

Soltem por mais uns minutos a mente e sejam somente amor.

Não discutam tanto com vocês mesmos.

Aceitem-se e se amem como nós os amamos".

Instrumento da paz

"O mundo não é, não foi e não será mau.

Há pessoas que ainda não evoluíram e não conseguem ser boas.

Observem a luz do sol ou mesmo a luz matéria, elas não se sujam, mesmo com a lama. Se pensarem bem, positivo, forem amor, por mais que entrem em ambientes pesados, não sofrerão nada; se entrarem com medo ou não tiverem a luz da bondade em seus corações, sairão contaminados pelas impurezas.

A luz não se suja.

Lembrem-se que se sujarem uma lâmpada com barro, a luz ficará fraca ao se refletir, mas dentro, a voltagem estará passando constantemente, na mesma intensidade.

Ao limparem seus interiores estarão ficando livres dos seus *karmas*, é a oportunidade do povo para limpar, pagar suas dívidas por amor, com amor.

Amados filhos, como gostaríamos de poder falar igualmente a todos os cidadãos do mundo ao mesmo tempo, em uma rede internacional de comunicações, e que todos nos ouvissem sem rir daquele que estaria dando a boa nova, da união do povo terreno, e que todos aceitassem como uma imensa festa de amor, isso seria o xeque mate desse grande ensinamento. Porém, a dificuldade está no entendimento da razão humana, do povo terreno, no erro do ensinamento que todos tiveram e separaram, até os que convivem juntos, imaginem os estranhos.

Gerações e gerações, milhares de anos de separação, como unir agora uma nação?

Uma nação já é difícil, imaginem todas as nações...

Contudo, ainda afirmamos que um governo só na Terra seria a bênção, desde que todos soubessem ser amor.

'Senhor, fazei de mim um instrumento de vossa paz'.

Que meu coração permaneça na paz, ainda que dentro dos maiores confrontos.

Vejam, sintam queridos e amados as lições lá de fora, do mundo, ou fora de nós, o externo, mostra-se repleto de desacertos. Acertem o mundo de dentro de vocês.

Várias situações já poderiam estar compreendendo.

Os seus mundos interiores – o de dentro – compreender; o mundo – de dentro do Templo, que já é de fora, e, o mundo de terceira dimensão, das suas casas, também de fora delas, as notícias que recebem pelos meios de comunicação, externos.

'Onde houver ódio que eu leve amor'.

Como levar amor, se no coração e na mente ainda não há esse tipo de amor?

Alimentar de coisas boas os seus espíritos, saber separar o certo do errado, sem julgar, somente amar.

'Onde houver ofensa que eu leve o perdão'.

Levem primeiramente a paz para dentro de si, não se ofendam como os outros vivem, com o que dizem. Não se ofendam e não se sintam ofendidos.

Se, para os outros ainda viver em discordância consigo mesmo é bom, deixe-os, também se libertarão, agora o que importa são vocês.

'Senhor, que eu melhore, que eu consiga, que eu seja a paz'.

Neste momento estamos nos conhecendo, nos lapidando.

'Onde houver discórdia que eu leve a união'.

Não se precisa falar da discórdia, pois todos vocês vivem isso diariamente.

Compreensão e tolerância são absolutamente necessárias, fundamentais para haver união.

Não havendo esses dois fatores não haverá união.

Viver, amar, unir mente e coração, primeiro em nós mesmos, depois nos ambientes de fora.

'Onde houver dúvida que eu leve a fé'.

Grande complexidade do mundo, dúvidas de todas as espécies atingem todos os dias os seres humanos. Só a fé poderá fazer com que se sintam mais aliviados. E, a fé é o seu alcance, a sua divindade, o seu santo ser crístico.

'Onde houver erro que eu leve a verdade'.

Quanta ignorância que pode nos levar a erros imperdoáveis aos olhos daqueles que ainda julgam!

O erro do outro e o nosso erro pela não aceitação do degrau em que nos encontramos.

Ao aceitarem a verdade surge o momento de mostrarem que já conseguiram ultrapassar os limites dos erros e chegarem nas suas próprias verdades.

'Onde houver desespero que eu leve a esperança'.

O desejo, 'o eu quero, eu preciso', leva muitos ao desespero, por isso, tanta complicação; o consumismo do século.

A esperança, a alegria de ser o que é, de ter o que tem, o agradecer, sempre agradecer, por tudo, o que é, tudo o que tem e lutar, por amor, com amor.

Curem-se.

'Onde houver tristezas que eu leve alegrias'.

São muitos os tipos de tristeza.

Tristeza por ver as pessoas se destruindo com vícios, corpos sadios saturados de drogas, álcool, fumo, sexo desenfreado.

Tristeza pela inveja que alguém quer o que o outro possui.

Tristeza pelas suas tristezas, entrando nelas e chegando à depressão, inúteis tristezas.

Tristeza de ver doenças, idosos que já não têm serventia ao mundo, crianças sem o devido atendimento.

Quantos tipos de tristezas!

No entanto, devemos nos alegrar. E, como levar alegrias ao desafortunado?

Alegria não é só dar um prato de comida, é um sorriso, um aperto de mão, é um abraço, é tudo o que vocês podem ser.

'Onde houver trevas que eu leve a luz'.

Muitos tipos também de trevas.

Trevas da ignorância, trevas do espírito.

Trevas dos olhos, cegueira.

Trevas dos sentidos.

Quanta cegueira no universo!

Levar a luz às trevas é ser luz na escuridão do mundo, e, ser luz na própria escuridão.

É ser um instrumento de paz, é estar na guerra sendo paz, estar no meio da confusão, sendo paz.

É alcançar o céu, o paraíso na Terra, e ser o paraíso.

É enxergar sem ver.

É estar na escuridão e ser luz.

É ascender à luz maior.

É ser a própria luz.

'Mestre, fazei com que eu procure mais consolar do que serem consolado, compreender do que ser compreendido, amar do que se amado. Pois é dando que recebemos, é perdoando que somos perdoados e é morrendo que vivemos para a vida eterna'.

Então, amados discípulos da luz, deixem seus egos morrerem para serem o tudo e o nada, para poderem ser o amor, viverem o amor na vida e na morte, transcenderem todos os seus limites; escutarem todas as músicas divinas e serem divinas músicas. Sinfonias, acordes, notas musicais das esferas sagradas, impensadas, não conhecidas.

Estar em comunhão com o Pai, eternamente, amando, amando.

Silenciar, calar, curtir em paz cada contradição, cada emoção.

Vibrar, fazer energias para si e para os outros.

Fabricar paz.

Como uma grande empresa, em qualquer fábrica, é necessário fabricar, construir essa paz tão almejada. Em todos os passos do fazer, acontecer.

Escrevam em seus corações, nas suas mentes, nas suas casas, nas ruas e em todos as cidades: Paz.

Coloquem seus animais para trabalhar, imaginem pombos, águias, cisnes, gaivotas e neles escrevam paz e eles voarão pelo planeta.

Vamos trabalhar, vamos construir. É hora de mostrar que aprenderam, que valeu o sacrifício de quererem evoluir.

Vamos todos tirar as pedras dos sapatos, aquelas que machucam os pés e os corações, as mágoas. Escrevam paz nas pessoas, nos amigos e inimigos que terão uma grande vitória.

Pensem amados, não existe vitória sem luta!

Criem tudo nos seus mentais para que se concretize na Terra.

Sejam paz.

Contornem o Brasil escrevendo paz.

Amamos a todos sem distinção".

Cosmoterapeutas

"Cosmoterapeutas do amor incondicional:
Deus é o olho que tudo vê.
Deus é a mão que tudo abençoa.
Deus é o coração que tudo ama.
Deus é o cérebro que tudo sabe.
E vocês, o que são?
As mãos de Deus.
O coração de Deus.
O cérebro de Deus.
São unos com Deus.
Quanto mais olharem para tudo, poderão ver.
Quanto mais tocarem em tudo, abençoarão.
Quanto mais amarem, serão o amor.
Quanto mais tiverem pensamentos puros, mais saberão e até atingirão a sabedoria divina.
Será que não é tempo de serem como Deus é?
Compreendam o mundo, a luz e as trevas, sigam um caminho e deixem o outro de lado.
Caminhar na luz é saber que as trevas existem, mas não préocupem as mentes pensando nisso. Saibam que tentarão apagar suas luzes, mas não esmoreçam, não vale a pena ficar com medo, pois sabem que isso sempre existiu, as brigas entre o bem e o mal sempre aconteceram e sempre acontecerão.

Dar a possibilidade a vocês de saberem que tentarão de tudo para os tirar do caminho já é de grande valia, afinal, quando se sabe que está lutando é uma coisa e quando não se sabe, se é pego pelo fator surpresa, fica muito difícil vencer, pode-se dizer impossível.

Se a luta de todos agora é o amor e a paz, lutem com coração, não concedam tréguas no amor.

O medo e todos os seus complementos – como já falei a vocês, a raiva, ódio, enfim, não preciso repetir tudo novamente, porque o outro ensinamento é bem recente – fazem vocês entrar naquilo que é o caminho das trevas. Se não entrarem no fator treva, a guerra será leve.

Quando aquele, sem nome para vocês, quiser agir, não poderá se não tiver o elemento com o qual se vale para a luta, por isso, ele diz que vai chegar frente a frente, não só com a Mestra de vocês, mas com cada um, pois cada um já ficou ao lado dele, não só em uma vida, em muitas delas. E, agora, são testados na capacidade de amar e serem luz, estrelas de primeira grandeza.

Vocês estão sendo preparados para a cosmologia divina, para um trabalho universal, mágico e divino.

Acreditam que seria bem simples entrarem e não limparem as coisas difíceis de suas vidas pregressas?

Pois é, cosmoterapeutas, o trabalho é fonte, inspiração, é luta de amor, assim como os testes que estão passando.

Tanta coisa há para ser feita e tantos sem nada para fazer.

Tantos pensando e agindo errado e tão poucos fazendo.

Todos vocês sabem o quanto ajudam nos grupos? Ou pensam que essas energias trabalhadas aqui fazem bem somente para si mesmos?

Vocês sabem, mas alguns não estão agindo em casa e nos ambientes profissionais e estão incomodados com pessoas, colegas de trabalho ou mesmo com o grupo familiar. Fortaleçam seus campos energéticos dando energia aos ambientes. Trabalhem com as cores e não pensem que são vítimas das invejas e ciúmes alheios.

Vocês não são vítimas. Todos podem reverter qualquer pensamento negativo enviado a vocês, basta acreditarem mais naquilo que aprenderam conosco.

Usem o que aprenderam e estarão ilesos, não são vítimas, são gigantes adormecidos e agora acordam para a nova vida que desponta nessa aurora boreal sem cores, na qual a Terra vive.

Coloquem mais cores, imaginem a aurora boreal acontecendo e fogos de artifício coloridos inundando o mundo em cores e amor incondicional.

Que luta é essa? Vemos alguns desejando um amor. Por que um amor?

Para formar uma família, então sim, acreditamos. Ou querem um amor para se comprometerem, para sofrerem, porque não se aceitam como são quando passam a conviver com outro? Para ter um ombro amigo também? Para salvar e guardar o uso e bom costume de ter alguém?

São tantas incoerências, mas, aos poucos estarão tarimbados, serão mais amor e viverão o amor, amando.

Sim, porque, muitos vivem o amor odiando, medindo forças. Convivem com o companheiro só para discutir e brigar.

Amar o amor e viver o amor está na imaginação de cada ser e cada um vive isso do seu jeito, sem se importar muito com o amor do outro.

Época de individualidade, reparem só a palavra: indivi–dualidade.

Indivíduo: o ser em fase de aperfeiçoamento.

Dualidade: duplo, dual.

Viver em pares ou em grupos, aperfeiçoamento.

Moderem seus gênios, é difícil mudar, mas amar é fácil. Comecem a olhar mais as qualidades e esqueçam dos defeitos do outro e revertam a aversão por aceitação.

Inventem um código, ou melhor, uma frase para pensarem naquele chato que incomoda, terão surpresas maravilhosas.

Começarão a transformar o mundo, primeiro os seus pequenos mundos, depois é depois. Comecem sem demora a trabalhar c amor. Comecem pela sogra, cunhados, aquela amiga que bate à porta nos momentos menos apropriados.

Sejam mais felizes. Alguns ainda vivem em seus pensamentos dia e noite. Somente usem a cor rosa e dourada para saírem da nconstante mente que cria o horror. Criem coragem, criem fé, criem esperança, sonhem. Ajam.

O 'eu não consigo' não existe para um filho da luz. Se o ego ainda é muito forte, ignorem-no, façam de conta que não o conhecem e use a humildade mesmo que seja forçada. É uma estratégia para colocá-lo de lado, ainda que dentro de vocês estejam brigando e revolvendo os entulhos criados por si mesmos. Aos poucos vão jogando tudo fora. Quando sentirem que estão transformados, continuem exercitando, porque quando menos esperam, lá está de novo o mesmo erro: 'eu, eu, eu, eu sou assim. Eu sou o bom'.

Compreendem?

Então, cosmoterapeutas, vamos à luta?

Vençam agora a si próprios, provem que são capazes, não para a sociedade, mas para vocês mesmos serem os melhores. Serem o amor.

Por enquanto, o sonho é apenas um sonho.

O sonho de ser iluminado é maravilhoso, mas não façam um cavalo de batalha, não pensem como será.

Somente sejam vocês mesmos, sonhando.

Amamos a todos".

Ponte pênsil

"O amor de Deus não é somente um ato, é uma ação.

Os nossos pensamentos e sentimentos são como uma ponte pênsil que balança de acordo com o momento, ou melhor, com os ventos.

O amor de Deus não é a chama de uma vela que acendem pedindo ajuda, Deus é tudo, Ele é a vela, não só a chama, não é só o seu pedido, Ele é Você, porque Deus se funde em todas as coisas, Ele é todas as coisas.

Quando vocês começam a perceber dentro de si a limitação, os pontos negativos que não conseguiam perceber, os sentimentos mesquinhos, as vinganças tolas, porque viram no outro, aquilo que naquele momento, podem ver.

É importante passar a ver as belezas diferentes, aceitando não a moda da ocasião e sim os modos de ser.

Podem se alegrar e gritar: 'vitória, eu consegui, eu venci o meu ego'.

Vencendo os seus egos começará uma nova fase de lutas, a subida de uma nova montanha que é saber reconhecer tudo como parte divina. E, ainda será difícil reconhecer as diferenças, saber discernir e aceitar que tudo é parte de um plano, o plano de Deus. Para que todos tenham vida, mais vida, mais qualidades, mais abundância.

Todavia, se voltarmos agora, lá na segunda frase, do início de nossa mensagem, veremos: Os pensamentos e sentimentos são como uma ponte pênsil que balança de acordo com o momento, ou melhor, com o vento.

Se o momento é de calmaria, uma brisa somente indica o tempo bom. Todos estão calmos, conversando amorosamente em paz, se um ventinho balança um pouco mais forte essa ponte, um ou outro participante se altera, a ponte balança mais e ultrajado já não ama mais, um outro sentimento muda totalmente o modo de ser.

Na qualidade de psicólogo, analista, psiquiatra encontro-me entre vocês para os ajudar a compreender o ritmo da vida, o ritmo de Deus, os seus ritmos.

Quando estão com um problema em um pé ou uma perna não podem andar rapidamente, caminham mais devagar; se um sentimento ainda não compreenderam, sosseguem, vão mais devagar.

O sentimento é igual a uma dor, a uma ferida que se abre e demora a cicatrizar.

Estou vendo e sentindo muitas feridas abertas e ansiedade para as fechar. Não se fecha uma ferida se não forem limpas as bactérias do local, pode-se colocar um remédio e a ferida pode até fechar, mas se ainda existirem bactérias, haverá proliferação e o machucado irá abrir-se novamente.

Deve-se curar.

O que é curar?

Primeiramente curar seus pensamentos que são as feridas do coração, quanto mais pensarem, mais bactérias irão produzir e nunca ficarão curados.

Façam trocas de pensamentos quando não der para resolver certos problemas que não lhes competem resolver.

Troquem. Se estiver chovendo e precisam sair, não importa se têm ou não guarda-chuvas, pensem que o sol está brilhando mesmo que o dia esteja brusco.

Ah, meus amados, quantas muletas eu já ensinei a vocês e não as usam quando necessário. Esquecem tudo o que aprenderam, não utilizam suas armas de amor.

Alterar-se significa liberar mais adrenalina e em certos casos, brigas ou até doenças físicas.

Escutem: 'o cravo brigou com a rosa, debaixo de uma sacada, o cravo saiu ferido e a rosa despedaçada'.

Entendem, compreendem? Alguém saiu ferido, alguém com o coração despedaçado e até juntar todos os caquinhos, às vezes demora muito tempo, porque tudo requer sentimento, mudanças e perdão.

Voltamos novamente a uma antiga e moderna palavra: perdão.

E, se não deixarem os ventos fortes balançarem suas pontes? E, se somente ventos cálidos e brisas frescas soprarem?

Desse modo, não terão nada para perdoar, pois não se sentirão ofendidos.

Resolvam as diferenças com paz, aceitando e procurando em paz com o poder da persuasão fazer os outros aceitá-los também como vocês são: sem limites, sem fronteiras, sem complicações, sem vendavais.

Não balancem tanto suas idéias ou ideais. Sejam firmes.

Sejam amados e amantes.

Sejam pacificadores e sejam a paz.

Eu amo vocês".

Ato

"Quando falei que o amor de Deus não é somente um ato, o que concluíram do ensinamento?

Uma peça de teatro é composta de atos e intervalos. Um ato é somente um ato; um ato de uma ação é um ponto de algo que o compõe.

Digamos que representarão um drama, são vários artistas e personagens, os artistas se mascaram nos personagens.

Para arrumarem o cenário, em algumas peças são os próprios artistas que o fazem, em outras, quando existe mais requinte, existem pessoas preparadas para arrumar e desarrumar.

Se uma peça tiver três atos e vocês assistirem a um só, não poderão analisar se a peça foi boa ou não.

Os artistas podem ser ótimos, mas não poderão falar e sentir aquilo que não viram ou sentiram.

Pessoas falam, falam, propagam, discutem, querem provar coisas e não estão provando nada, é isso que está acontecendo nesse mundo, por isso ele está em perigo.

Se o amor sublime abarcasse todos os corações já estariam abrindo alas para todos passarem, assim sendo, pedi para minha protegida abrir alas para todos poderem sentir a beleza e a grandiosidade da simplicidade de um ato, para que todos se sentissem importantes diante de Deus e de si mesmos.

Ninguém é mais importante que ninguém, todos têm uma importância imensa dentro deste trabalho que aceitaram com amor, por uma ou outra razão.

O motivo que os trouxe aqui foi apenas o motivo.

Que imensa alegria, nestes momentos sentir em cada um o coração limpo, sem angústias, sem desesperos por coisas pequenas do mundo de terceira dimensão em que vivem.

Não entrem em competições se não estiverem prontos para ganhar, mas saibam também perder.

Todos vocês sabem que é assim. Os fortes se fortificam mais em uma batalha, seja ela qual for. Não se sintam incapazes, já fizeram um longo caminho para desistirem agora, se soubessem a beleza da vida, do amor de Deus, entregar-se-iam por completo nos desafios da vida. Sem medo de perder, porque todos vocês amados, sabem as lições que tiram das derrotas.

Não adianta nada amar e odiar, muitos já tiveram essas experiências em suas vidas.

Fazem batalhas nos pensamentos quando bastaria aceitar os outros como eles são.

Vocês fazem idéia do que é para a sua Mestra viver em paz, quando milhares de seres das trevas olham para a luz dela e do Templo que dirige? E que vocês ajudam a luz a permanecer acesa, porque o grupo está em missão de acender luzes em muitos mais?

Talvez, alguns compreendam, outros ainda não têm a dimensão de como é isso.

Olhem para ela e vejam a expressão do seu rosto, o seu sorriso. Ela desmorona quando acontece alguma coisa em que precisa ser forte?

Ela já demonstrou a vocês muita força, brinca quando alguns vêm até ela.

Para desanuviar os pensamentos ruins, brinquem, sorriam, se ficarem muito tristes pensando muito em uma situação, abram os Áfrikas de Deus ou outro livro que os ajudem, cantem, dancem, vejam e sintam o amor de Deus em vocês.

Brincar no bom sentido, na vida, com a vida, isso os fará leves e confiantes no que estão aprendendo comigo nesta viagem de amor, ou nesta grande peça teatral de muitos atos.

Procurem não ficar muito nos intervalos esperando o tempo passar, descansando.

O descanso vem quando suas almas são refrigeradas pelas energias das reuniões de paz. Não deixem de lutar para conquistar a sua paz.

Quantos de vocês, às vezes, lutam consigo mesmos, com o cansaço, com o sono, porque levantam cedo, mas vêm buscar alívio para suas dores?

Quantos não tiveram, pelo menos uma vez, vontade de ir dormir em vez de comparecer à reunião?

Alguns já venceram, a si próprios, alguns ainda, vez ou outra, sucumbem ao cansaço físico.

Está claro, passarão de qualquer maneira, mas, olhem, sintam e se conheçam cada vez mais.

As notas que cada um dá a si mesmo nas provas são muito importantes para os encorajar a seguir sempre em frente e, saber como foram, analisando as provas seguintes.

Eu pergunto agora:

Por que é difícil para vocês lembrarem de fazer os deveres de casa? Lembrar do que aprendem já no dia seguinte, fazer uma recapitulação em casa, na própria maneira de ser?

Se fizessem as lições de casa cada vez mais resolveriam tudo sozinhos, os problemas, passariam por eles com mais facilidade.

Eu mesmo responderei para que possam compreender melhor, porque quando chego e falo através da minha protegida, ficam constrangidos de conversar comigo. Quando fico anônimo e ela fala com o seu jeito, fica mais fácil, afinal, ela é igual a vocês. Eu também sou, com uma diferença, não tenho corpo físico e preciso de uma matéria.

Isto é matemática pura, só que os humanos ainda não conseguem aceitar.

O que é lógico, é lógico, a existência é matéria.

O que é meta, é adiante da lógica, é espírito, é extra.

Eu sou metafísico, extrafísico, posso estar aqui, ali e acolá, ao mesmo tempo. O tempo é inexistente, não é contado em minutos, horas, dias, isso todos vocês já sabem.

Assim, é difícil aceitaram, porque foram impostos preconceitos, ficaram bitolados nos ensinamentos dogmáticos, estrategistas das leis dos criadores de modismos, conceitos do momento e dos que queriam ser servidos pelos demais.

Nas lutas por certos ideais, no passado, brigaram, mataram e criaram *karmas*.

No começo não era para ter toda esta roda de reencarnações. Seriam aprendizados passageiros da evolução da alma como uma escola normal, porém, com o comprometimento, está alongando agora, porque muitos foram reprovando nas matérias que vieram aprender. É tal qual o primário, 2º grau e estudo superior, a faculdade, ou melhor, universidade.

Algumas almas viriam ter esses conhecimentos em poucas vidas e assim fizeram. Algumas estão rodando no universo Terra por milhares de anos. Alguns estão agora terminando essa universidade e outros não ajudaram a concretizar os planos traçados, não porque a alma falhou, mas porque outras falharam com ela. Tiveram seu merecimento de ir embora, todavia preferiram ficar para tentar mais uma vez elevar companheiros juntamente consigo, talvez saibam de quem estou falando.

Agora, felizmente, por seus companheiros de caminhada, está tranqüila caminhando a favor e contra os ventos. Está em paz. Sempre soube que não dependia só dela, que muitos se envolviam com outras coisas, todavia, sempre quis ajudar e isso não era e não é nenhum sacrifício, é um presente.

Vir para servir e não ser servido.

Quando ouviu pela primeira vez essa frase foi como se sempre soubesse que deveria ser assim. Faltava somente esta peça no quebra-cabeça montado por ela, quando ficou pronto, essa fase de sua vida encerrou uma etapa e começou outra com consciência, sabendo das dificuldades e lutas que enfrentaria. Nunca deixou de fazer qualquer teste ou prova, sempre com disciplina e amor, é um exemplo.

Penso que respondi a tudo que gostariam de saber. Se tiverem alguma pergunta, façam como ela os ensinou, quando chegarem em casa, revisem e vejam quantas perguntas foram respondidas, se quiserem, anotem as respostas para não esquecerem, o que seria ideal, pois vão precisar dessas anotações para o futuro.

Esquecem tudo com muita facilidade.

Estou aqui na qualidade de terapeuta, aproveitem o que ensino.

A porta-voz não precisou de analista para receber a cura total de todos os males da mente, foi parabenizada por chegar a um fim de análise sem nunca ter sido analisada, a sua aceitação pela vida resolveu seus problemas.

Calma, paz, amor".

Consciência

"Consciência.

Supremacia.

Transformação.

Eu só sei que nada sei.

Que consciência é essa?

Que supremacia é essa?

Transformação...

Transformar, alegrar, visualizar o muro invisível do Eu, o ego intransponível para alguns. Esse muro com certeza não foi feito com mãos humanas, mas com pensamentos predeterminados pelo vivente inteligente, confuso nos seus ideais. Os muros estão sendo derrubados, mesmo aqueles que foram construídos com cuidados especiais. Se passarem os olhos nos jornais, nos noticiários da televisão, verão máscaras caírem, sendo retiradas.

E agora? Como ficará tudo aquilo que aprenderam? Aqueles que os ensinaram o fizeram erroneamente?

O malabarismo que fazem para se esconder quando sabem estar fazendo coisas erradas... Desestruturam-se por justamente saberem que estão agindo falsamente.

E, se a pergunta fosse feita para responderem: falso ou verdadeiro?

Ter coragem para encarar o verdadeiro agindo errado.

Máscaras cairão, os rostos vão ficar à mostra para assumirem as verdadeiras faces.

O mundo mudou, mas as ações continuam as mesmas. O medo do que está porvir é grande.

Tanto tempo neste novo velho calendário de 2000 anos e os humanos ainda não acordaram, a consciência agora começa a despertar para os ensinamentos da grande universidade, respeitando a vida, a natureza.

Para quem ficará os ensinamentos de estudos elevados explanados no Templo de Luz ou em outros grupos?

Para os que querem realmente crescer, para os que já acordaram, para os que buscam a plenitude do ser.

Só assim, bem devagar a transformação, aos poucos para a suprema consciência, neste degrau do nível superior.

A escada não pára aqui, ela continua até transcenderem todos os limites da consciência humana.

Assim, todos presenciarão de tudo neste plano, até conseguirem estabelecer a paz primeiramente, e, lógico em cada um.

Sentimentos diversos, atitudes diversas, mas deve ser dessa maneira, estão aqui para conhecerem a ontologia. Para se conhecerem, porque senão souberem quem são e como são, como ajudarão os demais?

Busquem se conhecer dentro dos estudos da árvore genealógica, do que poderão herdar dos antepassados e conseguirão a consciência ampliada na visão dos seus mundos.

Até breve amados".

2+2=4 e 3+3=6 e 4+4=8

"Amados:

Foi lhes ensinado que uma semente precisa em primeiro lugar da escolha da melhor terra, depois do processo químico da natureza como o sol, a chuva, os ventos e o trovão para poder nascer e crescer. Agora, analisem comigo, acordem para esse mundo natural que não faz parte do querer e sim da natureza divina.

Pensem em uma balança, os dois pratos para pesar tudo, inclusive os atos e ações. Trata-se de um processo alquímico divino.

Sintam a verdade nas minhas palavras e escutem o que eu digo.

Meus olhos ainda marejam quando posso lhes falar e meu coração transborda de um sentimento de amor e paz, pois lembro dos tempos idos que vivia entre vocês. Passei por muitos aprendizados. Não que eu chore de saudade ou por pena de algo que fiz ou deixei de fazer, ou de piedade por vocês não compreenderem as lições e deixarem de fazê-las por esquecimento ou pensarem não ser importantes. Se soubessem o valor de uma ação destas abririam suas mentes e ficariam em alerta em tudo o que é falado aqui e agiriam de acordo com as leis universais.

Falo de um coração que transborda e de olhos que às vezes não pode enxergar, porque as lágrimas são teimosas.

Falo da disciplina e de boa educação, respeito. E, eu estou aqui ensinando tudo isso, porque também tive o merecimento de estar neste canal, que também passou por tudo e se alegra, chora, ri junto com vocês.

Compreendem amados que os sentimentos são muito importantes para o crescimento? Que os pensamentos são passíveis de controle, porque são inteligentes? E, que suas ações não são meras coincidências, inclusive freqüentarem o Templo de Luz?

Existem vínculos com o passado e estão juntos nesta jornada por amor e não para serem espiões, traidores do amado lugar que freqüentam.

Como: 2+2=4 3+3=6 e 4+4=8 estão juntos, como dizem que não conseguem compreender o momento das lições tão simples que nossa discípula passa a vocês com palavras coloquiais, como podem não discernir?

Nós falamos rebuscadamente, porque é para cada um compreender de acordo com sua evolução, mas ela não, sua fala é simples, é leve, às vezes quando se faz necessário ser mais pesado no seu jeito de ser até se contradiz para deixar o seu interlocutor mais à vontade.

não?
Amados filhos, que momento em que se encontram, que difícil

Ah, sabemos tudo, mas não passaremos para a nossa discípula, esperando que nunca mais aconteçam certos comentários de mau gosto sobre as situações. Demos a missão para a Mestra de vocês e ela fará tudo ao seu alcance. Esperamos de todos o mesmo. Deixem de lado o medo, a incerteza e a insegurança, isso irá embora, não permanecerá.

Não é uma ameaça, é ensinamento, não fiquem melindrados por pouca coisa, senão acabam se aborrecendo e atrasando a caminhada, já ensinamos isso também.

Como queremos que todos evoluam! Mas, não adianta nosso querer, é o livre arbítrio de cada um, portanto, o querer de cada um.

Obrigado companheiros, muita paz a todos".

Um Supremo

"Hipócrates escreveu:
'Que teu alimento seja tua medicina e tua medicina teu alimento'.

Imaginem um losango negro e uma chama de vela no centro.

Que sejamos negros por fora, mas que dentro de nós humanos haja uma chama acesa para podermos buscar a claridade da luz. E, nunca um losango de luz que tenha dentro a chama apagada, escura, um ponto negro.

Buscando ter as suas pequenas chamas brilhando chegaremos à totalidade, assim a luz não verá mais as trevas.

O Um Supremo – simplicidade quando se começa o alfabeto não existe mais nenhum outro, pode ser 1+1, mas o um é um somente, aí está a beleza do entendimento de Deus.

Um Supremo o primeiro e único, substância universal.

Conhecendo o caminho vai se chegando devagar, clareando todos os espaços da mente na aceitação, vai se revelando e iluminando tudo.

É ao meio-dia que o sol se encontra bem no centro, no topo, assim, por segundo está lá, a Terra vai girando e nestes momentos ficamos sob a luz total.

Existem forças da natureza e da natureza de cada um, trazendo a compreensão e brilhando, iluminando mais ou menos, fornecendo gás para essa chama ficar mais forte iluminando assim o losango que se viu negro.

Quando o ser permanece quieto, em estado meditativo começa a transmutar a sua escuridão em luz. Transparência, força.

Se todos procurassem o conhecimento superior dentro da iniciação, sabendo usar os poderes que a natureza concedeu, nunca se desviariam do bem e serviriam somente o bem. Muitos tendo o dom não sabem se desviar dos rumos fáceis que a vida e alguns oferecem, servem mais ao mal, aí sim, por fora aparecem luz e por dentro são chamas negras.

À medida que o ser vai aperfeiçoando seu conhecer, alcança graus de iluminação, aproximando-se assim do sol do meio-dia (que é a iluminação por todos os lados). Aquele que é iniciado busca verdadeiramente a iluminação, os outros buscam **poder** para **ter**.

Então, o Um Supremo: início, infinito, eterno.

Deus, Um Supremo é absolutamente simples e Ser Supremo é eterno infinito.

E, a capacidade da natureza humana é limitada e também ilimitada desde que busquemos cada vez mais elucidar, encontrar os meios através da meditação para chegar aos guias e ganhar os graus que são merecedores, eles chegam a nós quando limpamos a mente e o coração.

Dizem que imitar a Deus é o caminho da elevação. Se Deus está em nós, seremos como Deus, nos tornaremos Um, o número e o Ser.

O tudo e o nada

Cantaremos, ouviremos, falaremos,

Viveremos

Como...

Deuses".

Eu sou um Anjo

"Um Anjo de Luz.

Um Anjo de Amor.

Um Anjo de Paz.

Visto minha roupagem de amor e vivo na paz da luz. Sem máscaras, somente caminho e caminhando vou vivendo sem sombras, olhos para o sol, vejo, sinto o sol, brilho com o brilho do sol, mas nunca esqueço a beleza das estrelas e da luz em noite escura.

Posso sentir, posso ser indivisível, posso ser o tudo e o nada.

Autêntica celebridade sem muitos me conhecerem.

Posso ser o sucesso sem chegar a ter fama.

Mas, eu sou o que sou.

O caminho e o caminhante

A água e o vinho.

O cheiro e a essência; misturar-se em todos

A gota e o oceano

Ser a rosa e a fragrância

A raiz e a corola

O verso e o inverso

Ser o sal da vida

Ser o açúcar e o gosto

Compartilhar estando só

Orar e ser a oração

Um Anjo de Amor

Um Anjo de Paz

Um Anjo de Sabedoria".

À perfeição

"Aceitando que ainda não são luz, em paz essa virá.

Não queiram demasiadamente uma coisa, pois se não estiver marcado para acontecer, decepcionar-se-ão e sofrerão sem necessidade.

Sejam imperfeitos na busca da perfeição, mas completos na limitação para poderem atingir a ilimitação.

Saudamo-los com alegria diante de todas as provas e testes. É imensa a alegria de tê-los como caminhantes, seres em busca da luz.

Assim como em tudo, quanto mais exercitarem mais fácil será.

O alimento feito, experimentado, quanto mais fizerem, melhor ficará. Os movimentos aos poucos adquirem perfeição, tudo o que quiserem conseguirão.

A canção será a melodia divina o pensar será puro.

Tudo as suas voltas será amor e a paz será a companheira inseparável, mesmo que os espezinhem, mesmo que os façam sofrer, que o sonho de vidro se quebre, mesmo que o poço seja muito, muito mais fundo do que pode ver, mesmo que lá dentro desse poço nem água exista para saciar a sede, mesmo que estraçalhem todos os seus ideais, que pareçam a seus olhos e a seus corações incompreensão e até maldade, saibam que são os galhos do deodaro apodrecendo e não tendo mais a necessidade de ficar agarrado ao tronco, o nó já está lá para que esse tronco cresça e fique muito forte.

Aceitem a luz, podem chorar, podem derramar as lágrimas preciosas, gotas de cristais que serão gotas de diamantes na coleção de teste e provas que terão de enfrentar.

Enquanto não forem perfeitos, será difícil a compreensão, mas compreenderão e chegarão à perfeição os puros e humildes de coração. Enquanto ainda teimarem em querer encontrar Deus fora, não terão o entendimento. Somente a aceitação os levará à plenitude.

Não pensem em Deus como padrasto, pois Ele é o verdadeiro Pai.

Procurem-no e encontrarão, a luz os preencherá, a vida será plena.

Vivam a paz, sejam a paz e poderão ser luz.

Para tudo tem remédio.

Vocês são os seus próprios remédios.

Quem melhor do que vocês podem curar as suas dores?

Vocês com o querer, o amor. Isto é se curar.

Isto é ser pleno".

O novo despertar

"Em algum lugar do Universo a aurora boreal está acontecendo.

Em alguma consciência acaba de acontecer o despertar para os novos dias. Na integração total da energia do mundo novo, tão velho.

Entrar nesse mundo sem medo é a vida, a nova vida. Tantos problemas, tantos desafios, caos. A consciência já despertou, agora não existe mais a porta para voltarem a passar e esquecer o que aprenderam na busca incessante no novo mundo.

É momento de abraçarem a causa e caminharem, sem medo de serem felizes, de pensarem 'não era bem isso que eu queria para mim'. As portas foram se abrindo e foram passando, cada degrau uma conquista, um nível a mais. E, agora eu pergunto:

'O que farão com tudo o que sabem? Ou, pensam que não sabem nada, que os ensinamentos são poucos?'

O 'eu só sei que nada sei' é de extrema importância para os iniciados.

O que é acordar pela manhã brilhando, flores por todos os lados de todos os tipos? Isto é loucura?

Não amados meus. Isso é o acordar para o mundo novo que acabaram de conquistar, sementes que semearam e que nasceram em terra férteis, coração com asas que quase não cabem no peito de tanto amor, sem saber por quem.

Todavia, alguns pensam que sabem, por quem. Esse amor é infinito, eterno, em alguns momentos soltam-se e sentem mais, quando estão no dia-a-dia não sentem tanto quanto a vibração de estar no Templo de Luz.

Quando se abre os olhos na luz do dia e não se pensa nos problemas e sim, em soluções,

quando tudo é cor,

quando tudo for música,

quando tudo for flores

quando a fé fizer coisas que parecem impossíveis, mas está ali diante dos olhos,

seus corações vibrarão, seus cérebros vibrarão como luzes e fogos de artifício, não por momentos de beleza, luz e cor, mas eternos no viver.

A festa continuará, não havendo término para ela. Ser sempre festa, sempre amor.

Abram os olhos, todos vocês poderão chegar a esse nível desde que se entreguem para vocês, em primeiro lugar.

Amem a vocês e decidam agora para vocês, tudo de bom.

Ser belo e altivo.

Ser forte e corajoso.

Ser a luz nas trevas.

Ser o anjo na Terra.

Ser o vento e não a pipa.

Ser a terra e não um verme.

Ser o fogo e não a lenha.

Ser a água e não o leito.

Não se entreguem nos limites, sejam o Universo".

O mundo perfeito

"Onde tudo é perfeito
Lá onde o céu é mais azul
As matas verdejantes
As águas muito mais cristalinas
A vida tem mais vida
Os animais acolhedores, onde reina a paz
Entre lobos e cordeiros
Gazelas e leões.

Lá, acolá, onde?
Aqui fora ou aqui dentro?
a mente, no corpo ou no espírito?
Transição, transmutação, metempsicose
Poder de ver, ou sentir
Saber ou acreditar
Crer ou ser.

Diferenças quais serão
Cérebros, corações
Sentimento ou ações?
Indiferentes ou alertas
Querendo ou temendo
Que diferentes são
Meninos e meninas...

Quando o teu céu for mais azul
As matas mais verdes, certamente
As suas águas serão mais cristalinas
As suas vidas serão mais vivas
Amará tudo e todos
Lobos deitarão com os cordeiros
Gazelas e leões brincarão juntos
Todos serão irmãos.

Em toda cosmologia na base terrena
Das mentes e corações
Mais fácil será ver do que crer
Ter do que ser

Enquanto o amor for apego
A força for as armas
A fé for covardia
Será terceira dimensão.

Então mundo da Terra
Aceitem em suas mentes, em seus pensamentos
A palavra aceitação
Que tudo será diferente
O corpo não adoecerá
O coração se acalmará
A noite será mais noite
O dia será mais dia
A luz será diamante
O diamante lapidado
O brilho mais intenso
Vivendo os momentos únicos
De coração para coração
De amor por amor
Vivendo, somente vivendo
De paz, compreensão, entendimento
Neste mundo perfeito
Sem honrarias e glórias
Vivendo a glória suprema
Plenitude, compaixão, harmonia
Luz, paz, alegria
O mundo em completo equilíbrio
Mundo interno e mundo externo
Unindo mente e coração
Sonhos e realidade
Passado, presente, futuro
Presente criado pelo Creador
Lealdade, fidelidade do Pai
Para todos os mundos,
Mundos de cada um
Dentro do mundo de fora
Neste sonho de felicidade
Aceitar significa tudo
Cumprir tarefas, que estão acumuladas
De tantas idas e vindas
O trabalho acumulou
Agora, Filhos da Luz, é a hora

De cada um encontrar dentro e fora
O sonho dourado
Do seu, do meu, do nosso
Mundo perfeito, o mundo de cada um.

Caros e amados companheiros: cumpre a vocês encontrarem o equilíbrio, a solução para acalmar as mentes e os corações.

Aceitar.

É a fórmula divina, receita perfeita que o Grande Médico acaba de fornecer. Tanto já foi falado, em versos e prosas.

Teoria – muito fácil.

Ação – muito difícil.

Pensamentos turvos ainda pela não aceitação, sofrimento.

Centelhas divinas sigam os exemplos dos grandes que passaram pela Terra.

Aqui nesse mundo gigante sempre haverá alguém querendo o que não pode ter. O ter é o comprometimento, arcar com o que der e vier. Se for assim sofrendo que estão bem, então continuem cometendo as mesmas loucuras que já cometeram antes. Testes e provas, sim!

Passar ou reprovar eis a questão.

Não vamos interferir, paguem para ver e verão.

Às vezes, o pagamento é caro demais e não se pode pagar tudo de uma só vez e, portanto, haverá saldos para depois. Pensem bem e usem o bom senso. Aceitação do que podem errar pensando que estão acertando. Aceitando, pensando que estão errando. Basta aceitar.

Bons sonhos a todos; amanhã é um novo dia; quem sabe, uma decisão importante seja tomada por vocês.

Amamos a todos".

Quebrar barreiras

"Fala-se muito no ser, ser.

Ser não significa um objetivo que se especifica na mente. Ser é inocência, ser é simplesmente inocência que se recupera pela aceitação. É se libertar de julgamentos preconcebidos, é simplesmente caminhar, envolver-se, deixar os padrões antigos de lado.

Vocês têm medo de viver, medo de estar errando, medo de pequenas coisas e deixam os outros olharem para vocês e analisarem os seus atos como se eles fossem a própria inocência.

No mundo periférico não existe inocência, existe uma coisa que se chama aproveitar. As pessoas aproveitam-se de tudo o que os outros fazem para deleite próprio.

Os especiais não devem tirar proveito, mas devem compreender quando o proveito vem.

No Templo são tiradas lições e todos são exemplos de caminhada.

Vejam agora, o que buscam?

Equilíbrio, paz, amor, harmonia.

Sim! Tudo isso e muito mais, porque buscam a evolução e esse é o verdadeiro sentido da presença de todos.

Se, criaram barreiras bloqueando os corações está na hora de quebrarem e limparem os entulhos que às vezes permanecem. Já quebraram uma barreira enorme que é estar aqui, mas falta agora tirar todo o lixo, os pedaços de rochas que ainda obstruem o fluxo normal da energia.

Desobstruir significa liberar, criar um novo ambiente ou novo lar para a sua essência, um santuário de serenidade e inocência.

Tornarem-se conscientes que são merecedores de tudo de bom.

O autojulgamento nesse ponto pode prejudicar suas evoluções.

A oportunidade de crescer está expressa agora. Amem-se. Perdoem-se.

Adotem atitudes merecedoras do que já aprenderam.

Vocês quererem mudar, é necessário, se não se abrirem para as mudanças fica difícil.

Dia 30 de setembro, em Shambala, dia da colheita do Reino Elemental.

Todos os anos os seres são avaliados pela qualidade do crescimento, enfim, evolução. Isso leva aos seres à busca e a importância dela.

Como foram os agradecimentos nesse ano?

Como foram nos relacionamentos, souberam compreender os amados?

Como foram suas ações na vida lá fora?

Como foram em sua fé?

Como foram em sua esperança?

Como foram em sua caridade?

Como vocês trataram dos seus universos?

Como vocês trataram do Universo, ao todo?

Como se comportaram com vocês mesmos?

Como se comportaram com os outros?

Tudo é levado em consideração.

Qual nota se darão?"

O joio e o trigo

"Cumprimento do dever.

Talvez, por que, será?

Dúvidas, perguntas, rebeldia, alguns resquícios das crianças que cresceram e trouxeram consigo as insatisfações de muitas vezes perguntarem e não serem ouvidas, por serem crianças, por não terem cumprido e obedecido ordens dos pais e superiores e isso, é absolutamente necessário para a evolução dos espíritos que vieram na Terra para crescer.

Alguns pais atenciosos, outros relapsos. Na Terra ainda não encontraram o meio termo no ensinamento, no aprendizado e em tudo mais.

Estão tendo a oportunidade de conhecer o caminho do bem viver, sabendo cumprir seus deveres, que para muitos se torna um fardo difícil de carregar. Esse fardo pode parecer pesado demais, podem acreditar que aprender conosco é muito complicado, mas nós nunca dissemos que seria fácil.

Chegou a hora de nos confrontarmos com a verdade, a nossa e a de cada um de vocês. Dizemos a nossa, porque nós já conciliamos a força e a fraqueza e estamos em uma outra dimensão, já vivemos em paz.

Agora, cada um de vocês amados ainda são desencontrados e não conseguem separar o joio do trigo na hora certa.

O Grande Mestre Jesus já falava que se cortar o joio, o trigo irá junto se não souber o momento correto.

Tudo se torna difícil, parece que em vez de abrirem seus corações, fecham-se nos pensamentos, magoando-se, martirizando-se por coisas que não cabem a vocês a solução. São problemas que matematicamente seriam resolvidos com facilidade, porém, como ainda existe rejeição naquilo que sofreram na infância, levam consigo o tabu do amor apego.

Em certos casos que aconteceram no Templo também os protagonistas das histórias envolveram o lugar que é o ponto de amor para se salvaguardarem das peripécias do mundo profano e, acabaram profanando por palavras, não porque agiram errado no ato em si, mas porque não cumpriram com o seu dever de amar e respeitar.

O que cada um faz no seu dia-a-dia só diz respeito a si mesmo e se nós estamos ensinando o que é o amor sem condições, é sem condições.

Estejam certos de que tudo o que acontece é para aprenderem, para eliminarem as limitações mentais que condicionaram. Desde que não profanem os seus lares e o Templo que é a fonte de energia.

Não podemos nos encolher diante dos acontecimentos, fechar os olhos e fingir que nada vimos, pois tudo vemos.

Alertamos: cuidado para com o Templo que os acolheu na pessoa da nossa discípula, nossa testa de ferro, já falamos isso para vocês.

Quando lêem os Áfrikas tudo está lá, página por página, mensagem por mensagem, palavra por palavra e para o bom entendedor...

Não esqueçam o cumprimento do dever para com vocês mesmos e para com os outros.

Responsabilidade e muita firmeza é o que conseguem quando desenvolvem o amor incondicional.

Ainda quando se fala do amor, alguns pensamentos se voltam para o companheiro ou companheira de caminhada, para o amor apego; 'eu quero encontrar alguém, eu preciso encontrar alguém, sinto-me tão sozinho, preciso de um ombro amigo'.

Mas, Senhor, quanta controvérsia! Quando estão com alguém acabam sempre medindo forças, sempre querendo mostrar quem é o mais forte ou ao contrário: 'olhe, coitadinho de mim, só tenho você e você faz isto comigo..'..

Vejam queridos a dificuldade do amor apego, ele não é eterno. No momento mais íntimo, parece que nunca mais vai terminar, no entanto, na primeira dificuldade, lá se vai o eterno amor jurado um pouco antes. Não é o sentimento que implica nisto, é o pensamento e o amor próprio ferido. Se pensarem, não ficarão com mais ninguém, pois ninguém é do jeito que querem.

Estes são os caminhos e as pedras por ele que deverão compreender para seguirem em paz.

Já falamos: como separar o joio do trigo antes de crescerem e poderem ver. Não existe a possibilidade de saberem enquanto não separarem sentimento de pensamento.

Seres humanos são muito inconstantes, pensam demais, se levassem a vida com mais sabedoria não sofreriam por tão pouco. Tudo é sofrimento. É tão difícil ver pessoas felizes... é fácil ver: 'eu estou tão feliz, você me deu um presente, você lembrou do meu aniversário, você me faz feliz', você, você, você.

Filhos queridos comecem urgentemente levantando pela manhã e dizendo:

'Sou feliz porque posso levantar, quando há tantos que não conseguem.

Sou feliz porque posso trabalhar, quando há tantos que não têm emprego.

Sou feliz porque tenho uma casa, quando há tantos que não têm.

Sou feliz porque tenho um carro, quando há tantos que não têm.

Sou feliz porque eu sou Eu, já livre de algumas inseguranças, livre, livre, livre.

Eu sou o que Sou, por isso também sou feliz.

Sou feliz e não depende do que tenho ou deixo de ter, o meu estado é de felicidade, porque eu sou o que sou, um ser liberto de pensamentos mesquinhos ou grandes demais, difíceis de serem realizados.

Eu sou o que sou, o caminho do meio, nem muito, nem pouco, a medida certa para poder caminhar, ir em busca daquilo que vim fazer aqui na Terra, nesses tempos.

Sou livre e o Universo me proporciona o bem-estar'.

Os tesouros estão dentro de cada um, basta ter paz para poder encontrá-los.

Basta querer.

Basta agir.

Basta reagir".

Poesia, arte e ação

"*'Energia é prazer'.* (**William Blake**)

Ninguém tem a consciência de quanta energia possui. Tudo é energia.

Quando se libera energia praticando um exercício físico ou pensando em algo, é uma coisa; quando se libera energia fazendo o bem para um semelhante, ajudando, é outra, completamente diferente.

Vemos pessoas dizendo que já fazem sua parte no Universo, trabalhando em hospitais, sendo médicos, fisioterapeutas, enfermeiros, psicólogos, dentistas, sendo voluntários em creches e instituições, porque não querem doar-se em trabalhos que na Terra ainda são pejorativos, vergonhosos e não aceitos pela ciência, que é destituída de conhecimento cósmico.

O plano divino.

Confunde-se poesia, arte e ação.

Inspiração é a poesia.

Arte é inspiração.

Ação é inspiração e movimento.

A energia é prazer, é uma arte, uma poesia e uma ação.

Quem é capaz de se inspirar nesse momento e formular uma frase poética?

Quem é capaz de se inspirar nesse momento e desenhar algo?

Quem é capaz de se inspirar nesse momento e entrar em ação?

Todos carregam consigo universos de energia, por que não entrar em ação e desenvolver estas capacidades e fazer com que se tornem talentos maravilhosos?

Não critiquem seus amigos e colegas, as pessoas em geral, porque é muito mais fácil ver os defeitos dos outros, já dissemos isso, e, ainda continuam atrasando suas evoluções por causa dos pensamentos. Estão estacionados nos velhos condicionamentos, estão perdendo tempo precioso para o desenvolvimento maravilhoso de cada um.

Quando se chega a rasgar os véus, em cada estágio o ser entra em outra dimensão e se preocupa com os demais, entra até em desconfianças e dúvidas do que e como os outros os vêem.

Não importa o que os outros vêem, o que importa é o que são.

O conhecimento deixa o ser com sentimento elevado por ter conseguido. E, alguns pensam: 'como ele chegou e eu não?'

Cuidado, amados, com o orgulho e cuidado com a inveja. Por um lado a inveja leva a se aproximarem dos demais para ver se conseguem sugar um pouco da energia e por outro lado, quem conseguiu fica orgulhoso achando que está ajudando seus companheiros, e, assim vem a confusão mental – 'esse grupo não está a minha altura, eu não preciso mais passar por isso'.

Momento de claridade não é iluminação; fiquem felizes que os companheiros estão conseguindo atingir suas metas; cada um também vai conseguir no momento e da maneira que deve ser.

Hoje, amanhã, no ano que vem, não importa, caminhem sem pensar nos outros, já ensinamos muito para vocês.

Já falamos da grande complicação que outros grupos já tiveram, e isso é para vocês ficarem de olhos bem abertos, para não deixarem esses sentimentos chegarem a seus corações, para não perderem o caminho.

Chegando a esses níveis, é bom se desenvolverem cada vez mais, meditando. Ainda não têm discernimento do falso e do verdadeiro. Colocam nos pensamentos, os sentimentos e podem deixar alguns 'mestres' de fora entrar no lugar onde não devem para atrapalhar a caminhada. Pois, alguns ainda têm dúvidas e vibrações de baixo, atraem vibrações do mesmo nível.

Aceitem a energia que não é privilégio de uns e sim, de todos.

Alegrem-se, mas não façam como as abelhas que, quando sentem o cheiro doce vêm para sugar o néctar.

O néctar será de cada um quando encontrarem os seus potes de açúcar divino.

Não tenham medo do processo, aceitem como é, sem se acharem o máximo. Aceitem com amor e paz, e, sejam a poesia, a arte e a ação.

Dançar nessa poesia, nessa arte e nessa ação significa deixar se levar pelo ritmo da música, simplesmente.

Deixar a música tocar e lembrar que nessa hora é hora de dançar, de vocês aceitarem sem euforia, sem querer propagar aos quatro ventos. Vocês vivem esses momentos sem julgarem a ação dos outros. Lembrem que as inseguranças que os outros têm, por elas vocês também já passaram.

A música tocará, a orquestra vai se afinando para a grande sinfonia e não queremos perder discípulos por orgulho ou por inveja, pois são sentimentos lá de fora, de terceira dimensão. No Templo é quarta dimensão, pensar com o coração, e lá fora, pensar com a razão.

Nos seus dias, nos trabalhos profissionais é absolutamente necessário pensar com a razão, no Templo, é lugar de pensar com o coração.

Isto já aconteceu antes e já temos exemplos de caminhada, no entanto, continua acontecendo, já que em um grupo como este é imprescindível que de tal forma ocorra.

O tear cósmico é isso, continua a tecer as redes invisíveis para o crescimento de todos.

Parabéns aos alunos que continuam crescendo e caminhando para evolução, vamos ter mais alguns exemplos até o final do período.

Amamos vocês".

Amor e ódio

"Venho lhes dizer amados, que o amor e o ódio são irmãos, como há muito os velhos ditados populares dizem, no entanto, viram banalidades, e não se fala mais com ênfase e no momento apropriado.

No corpo humano todas as células, todo o funcionamento dessa máquina perfeita não diz respeito aos humanos compreender, isso não significa entender no sentido saúde. O funcionamento dos órgãos os peritos da Terra já alcançam, não é disso que lhes falo.

Tudo o que está em livros e os cientistas descobriram é ciência. Falo hoje de sentimentos e da hora da chegada da chamada morte.

Uma estrela de tamanho adulto, que são cada um de vocês, brilha com a metade do brilho com o qual vieram quando saíram da luz. Alguns até com um terço somente do brilho. Não falo somente de vocês dos grupos, falo de um modo geral para que assimilem bem o ensinamento.

Cada poro é uma estrelinha de terceira grandeza que, ao brilhar, forma uma grande, de primeira grandeza. Porém, a metade pelo menos, brilha de acordo com o pensar da razão. Têm momentos que estão mais ligados na fé, brilham mais e assim sucessivamente.

A mente perdura e viaja entre o bem e o mal das suas estrelinhas e daqueles que os rodeiam também, por isso o aprendizado é sofrido na carne para que possam entender; o polimento dessas estrelinhas é necessário nos grupos. Como compreender que em um momento estão cheios de amor para dar e em outro, um sentimento se apossa do mental e corpo a ponto de transtornar, fazendo o comportamento mudar completamente?

Estão aqui; vieram aprender a transmutar as energias de fora e de dentro, para serem iguais. E, se não passarem pelos ensinamentos, nunca irão aprender.

Decidimos ensinar esse grupo pela coragem e fé daquela que os ensina a serem transparentes. A transparência é justamente o se olhar no espelho da terceira dimensão, gostarem do que vêem e se olharem no espelho sagrado e se diluírem em amor.

Existe a dificuldade de manter a vibração de amor, não se martirizem com seus pensamentos, aprendam a se confrontar com o lado negro e ficarem calmos.

Em várias situações no Templo são atingidos pela vibração do que sentem lá fora e não conseguem controlar, mas, é justamente para isso que estão aqui. Aprender.

A parte negra de cada um irá se manifestando devagar até conseguirem limpar, e assim, o seu companheiro espírito também limpará a sua parte e os anjos assumindo a posição de guardiões para que vocês também sejam anjos. Criar asas, que nós ensinamos, não significa ainda que já limparam seus passados. Lutaram em guerras, esfolaram, mataram, fizeram muitas atrocidades e estão agora com a possibilidade de se redimirem, mas deverá ser devagar. Já dissemos, também não agüentariam.

Falar na luz, quanto mais falarem, pregarem e calarem no momento de calar, saber fazer seus momentos com paz, isso é primordial. Se a metade das estrelinhas estão apagadas deverão limpá-las e acendê-las, não acham?

Vieram para melhorar, todavia, usam a mente para julgar e não contrabalançar que alguns estão em degraus mais baixos e têm a necessidade de ouvir e ver para subir.

Não podemos separar grupos em estágios iguais, pois acabaria o aprendizado do ver para crer. Nós também dissemos que veriam muitas coisas aqui.

Os que estavam presentes viram um ato de ódio e um de amor, por isso, dissemos que o ódio é irmão do amor. Só quem sabe o que é o ódio conhece o amor e vice-versa.

Como desenvolver todo o potencial dos dons de cada um se não aprenderem na prática?

Exercício é uma coisa, teoria é outra, e, estar na vivência é além.

Pessoas certas, na hora certa, no lugar certo. Entenderam?

E, agora como explicar por quê alguns saem desse mundo deixando uma imensa lição de vida, de amor ou ódio? Vieram aqui para que outros e sua própria essência compreendam que a humildade é a parte principal da vida do ser.

Quando acontece um caso esporádico de uma morte na frente de muitas pessoas, os que estudam a ciência querem colocar a culpa em alguém e não conseguem ver que a morte não precisa de desculpa, ela é necessária como é.

Companheiros, não se mortifiquem com as coisas que estão vendo acontecer, é preciso que seja assim para que todas as estrelinhas apagadas dos seus seres possam brilhar, para poderem ir para a luz.

Teremos imensa glória e será uma glória se alguém conseguir brilhar completamente, ter todas as suas estrelinhas e brilhar imensamente para uma partida de paz, passando assim no mais belo tapete jamais visto enquanto estiveram na Terra subindo os degraus da escada de cristal e chegar na nossa frente, sem medo e vergonha dos atos praticados na Terra. Passar sem voltar os corpos etéreos para trás sabendo que cumpriram suas missões, sem medo do gelo do corpo físico e do que os outros digam de vocês. Somente chegar, no futuro e só na hora saberão.

Filhos queridos, cuidado agora, cada subida requer muita segurança, persistência, boa vontade.

Ergam a luz à frente e iluminem suas estradas para verem tudo o que nela há; pedras, depressões, lombadas, troncos de árvores caídas e até pequeninos espinhos. Ver tudo e passar por tudo seguindo sempre em frente, sem se voltar para ver ou sofrer pelo que já passou.

Vivam o presente, presente maravilhoso, para esquecerem o passado e esperarem pelo futuro em paz.

Amamos vocês".

Simetria; simplicidade; sabedoria; conhecimento

"Queridos filhos da luz:

Simetria - Do gr. *symmtría*, 'justa proporção', pelo lat. *Symmetria*. **1.** Correspondência, em grandeza, forma e posição relativa, de partes situadas em lados opostos de uma linha ou plano médio, ou, ainda que se acham distribuídas em volta de um centro ou eixo. **2.** Harmonia resultante de certas combinações e proporções regulares. **3.** *Anal. Mat.* Propriedade duma função que não se altera numa determinada transformação de suas variáveis. **4.** *Geom.* Propriedade duma configuração que é invariante sob transformações que não alteram as relações métricas, mas alteram a posição dos seus elementos constitutivos. **Simetria axial**. *Geom.* Simetria em relação a rotações em torno de um eixo, ou a reflexões neste eixo; simetria cilíndrica. **Simetria bilateral**. A simetria do corpo dos animais. **Simetria central**. *Geom.* Simetria em relação à reflexão em um ponto; simetria polar. **Simetria cíclica**. *Anal. Mat.* Simetria de uma função sob permutação cíclica. **Simetria cilíndrica**. *Geom.* Simetria axial. Simetria circular. *Geom.* Simetria axial de uma configuração plana. **Simetria esférica**. *Geom.* Simetria sob as rotações em torno de um ponto. **Simetria especular**. *Geom.* Simetria sob reflexão num plano. **Simetria polar**. *Geom.* Simetria central[1].

Vocês entendem agora, por que Templo de Luz? Simetria espetacular na Terra.

Pedi a minha amada para escrever o que é simetria para que todos vocês possam compreender essa verdade.

Há simetria no ainda Templo de Estudos Teosóficos ou Elevados; sabem como foi essa construção de amor, desde o primeiro tijolinho paralelo na Terra e no astral, construído com dedicação e cuidados em todos os sentidos. Relação Terra e espiritual, como foi um pé atrás do outro, com **simplicidade**: (...) 2. naturalidade, espontaneidade, elegância. 3. Caráter próprio, não modificado por elementos estranhos. 4. Forma simples e natural de dizer ou escrever; elegância. 5. Ingenuidade, desafetação. 6. Sinceridade, franqueza. [Sin. Ger.: *simpleza* (p. us.), *simplez* (p. us.), *singeleza*.][2]

Agora vocês sabem o que é simetria e simplicidade.

---

[1] FERREIRA, A. B. de H. **Novo Dicionário da Língua Portuguesa**. 2. ed. Rio de Janeiro: Nova Fronteira, 1986. p. 1.586.
[2] *Ibid.*, p. 1.587.

Sabemos que todos vocês são crianças, jovens e adultos cultos e inteligentes e eram conhecedores de tudo isso, mas como colocar para indivíduos capazes o que é o trabalho que realizam? Não importa se estão preocupados em saber se ajudam ou não; o que importa realmente são as presenças nas reuniões. Sabemos que às vezes é impossível comparecer, porém saibam como é importante cada um para nós. Não pensem que não sentimos falta de alguém quando o Templo está lotado. Todavia, não cabe a nós também julgar os motivos que os levam a faltar a uma reunião dessa estirpe.

Sempre falamos sobre a importância dos ensinamentos, entendemos também quando a mensagem é lida e alguns dormem cansados do longo dia.

Vamos ensinar como se fica acordado recebendo e doando energias o tempo todo, pois reciclarão suas energias cansadas e novas serão repostas.

Você, você e você, enfim gostaríamos de falar com cada um frente a frente e todos nós agora estamos frente a frente com cada um; procurem escutar o ensinamento com caneta e papel nas mãos para anotarem, pois é muito importante esse exercício.

Assumam a postura correta, coluna reta sem demonstrar dor ou cansaço. Vamos nos olhar nos olhos, direcionando o olhar para uns 20 centímetros acima da linha do horizonte, comandem seus corpos físicos.

E, então? Conseguiram nos ver, com os olhos da alma, do espírito ou do corpo físico?

Não dificultem os exercícios com o mental, soltem, sejam somente luzes.

Vocês são o que são, não devem pensar nos outros.

Isso é exercício, quanto mais praticarem mais desenvolverão capacidades guardadas há muito tempo.

Silêncio... Ouçam todos os ruídos até não ouvirem mais nada. Sejam o silêncio, não deixem seus corpos fazerem barulhos. Primeiro se reconheçam seres humanos, feitos de carne e osso e depois, silêncio, não se envolvam nos membros, nos movimentos involuntários dos olhos ou de qualquer parte do corpo. Silêncio.

Quem conseguiu não ouvir nada? Quem entrou realmente no coração? Quem descobriu que o segredo é entrar no coração?

Mais uma coisa eu quero alertar: cuidado com o poder. Ele fascina, ele cria um monstro que se chama orgulho e vocês nunca perceberão que é orgulho, se não forem humildes suficientemente. Hora de falar, hora de calar.

Quando pedimos para falar é para fazê-lo.

Não é hora de aceitarem consulta dos companheiros e nem darem consultas a ninguém.

O aprendizado está sendo feito com cuidado, dedicação e amor. Nós estamos cuidando de todos os que vêm até aqui no Templo de Amor.

O que aprenderam até aqui é a concordância dos verbos, portanto, o ser humano ainda tem o desejo íntimo do poder.

Cuidado com o poder, o de querer curar tudo, isso é vaidade escondida atrás de um sentimento de querer ajudar, porque leu em livros de auto-ajuda.

É bom ter lido e continuar a ler, mas pode parecer que sabem mais do que seu companheiro e o outro se decepciona, e, no final, vocês acabam ficando desapontados quando o que falaram não acontece.

Já aconteceu aqui mesmo, pessoas que por quererem curar e não conseguirem, desistiram do caminho, e, são muitos os que desistiram por decepção.

Muitas vezes as pessoas que aqui vêm esperando a cura do físico são curadas em seus espíritos, pois estão doentes e cansados do longo fardo de vidas que estão vivendo.

Quando esse poder cega seus olhos espirituais, lembrem que não enxergarão nada além da vaidade e fascinação do próprio espírito. Aparentarão humildade, fé e brilhantismo para os outros e não verão mais a separação do falso e do verdadeiro. Não conseguirão separar o joio do trigo.

Mais uma vez: cuidado. Não queremos tirar ninguém do caminho, estamos aqui para ensinar a todos a serem iguais, por isso, pedimos a nossa discípula perguntar a vocês o que sentiram. É um exercício para aprenderem a falar a verdade, não distorcer com o pensamento os sentimentos. Cuidar também dos sentimentos, porque depois de se fascinarem com o que está acontecendo não acreditam mais no que estamos ensinando e sim, no que querem crer. O discernimento é necessário.

Conhecimento através do que está escrito na Terra é uma coisa, entrar nos registros *Akásicos* é outra, completamente diferente.

A caminhada é longa, não é de um momento para outro que saberão tudo.

Sabedoria X Conhecimento

Sabedoria – (...) **1**. Grande conhecimento; erudição, saber, ciência: *Sua obra bem revela sua sabedoria*. [Sin. (pop.): sabença] **2**. Qualidade de sábio: *A sabedoria de suas palavras convenceu-me*. **3**. Prudência, moderação, temperança, sensatez, reflexão: *Os sofrimentos deram-lhe grande sabedoria*. **4**. Conhecimento justo das coisas; razão: *Minerva, a deusa da sabedoria*. **5**. Ciência (2), segundo a concepção dos antigos: *Os egípcios eram notáveis por sua sabedoria*. **6**. *Rel*. Conhecimento inspirado nas coisas divinas e humanas: *Um dos sete dons do Espírito Santo é a sabedoria*. **7**. *Bras. Pop*. Qualidade de sabido (4); esperteza, astúcia, manha. **Sabedoria das nações**. Moral corrente expressa em provérbios; sabedoria popular. **Sabedoria popular**. Sabedoria das nações[3].

Conhecimento – **1**. Ato ou efeito de conhecer. **2**. idéia, noção. **3**. Informação, notícia, ciência. **4**. Prática da vida; experiência. **5**. Discernimento, critério, apreciação. **6**. Consciência de si mesmo; acordo. **7**. Pessoa com quem travamos relações. **8**. *Com*. Documento escrito, declaração ou recibo de que consta ter alguém em seu poder certas mercadorias (...) **9**. *Com*. No ta de despacho de mercadorias entregues para transporte (...). **10**. *Com*. Recibo de parcela de contribuição direta (...) **11**. *Filos*. No sentido mais amplo, atributo geral que têm os seres vivos de reagir ativamente ao mundo circundante, na medida de sua organização biológica e no sentido de sua sobrevivência (...). **12**. *Filos*. A posição, pelo pensamento, de um objeto como objeto, variando o grau de passividade ou de atividade que se admitam nessa posição. **13**. *Filos*. A apropriação do objeto pelo pensamento, como quer que se conceba essa apropriação: como definição, como percepção clara, apreensão completa, análise etc. **Conhecimento adequado**. *Hist. Filos*. Segundo Leibniz (..), conhecimento distinto cujos elementos, até os mais primitivos, são conhecidos de modo distinto. **Conhecimento aéreo**. *Documento contratual de transporte aéreo*. **Conhecimento a posteriori**. *Hist. Filos*. Segundo Kant (...), o conhecimento que só pode ser adquirido por meio da experiência; conhecimento empírico. **Conhecimento a priori**. *Hist. Filos*. Segundo Kant (...), conhecimento absolutamente independente da experiência e de todas as impressões dos sentidos. Ex: o conhecimento de que toda mudança tem uma causa (...). **Conhecimento de bagagem** (...). **Conhecimento de carga** (...). **Conhecimento de depósito** (...). **Conhecimento de frete** (...). **Conhecimento de transporte** (...). **Conhecimento empírico** (...)[4].

Compreendem amados, como se conhece e como se é sábio?

Sei que para alguns ainda se torna difícil tal saber, mas com muita paz chegarão a discernir tudo.

---

[3] FERREIRA, A. B. de H. **Novo Dicionário da Língua Portuguesa**. 2. ed. Rio de Janeiro: Nova Fronteira, 1986. p. 1.530.
[4] *Ibid*., p. 454.

Os degraus da escada são muitos e quando se chega em alguns dela, o caminhante pensa que sabe tudo.

Não esqueçam que a caminhada dura tanto quantos os dias de suas vidas.

Um dia após o outro, um pé após o outro, o momento de cada um é só seu. Sabemos que estão na euforia de descobrir as brincadeiras que Deus faz para que todos os filhos possam chegar até Ele, porém, tenham paz e já disse, não pensem que descobriram tudo, pois poderão se sentir professores de Deus e vão cair no descrédito dos demais e para si mesmos. Ainda não conseguem separar o joio do trigo; cuidado, porque acabam ceifando o trigo junto e a colheita se perde.

Não se valorizem demais perante seus companheiros, afinal, todos chegarão, não importa quando.

Caminhar é necessário, meditar nem se fala.

Se chegarem e quando chegarem nos momentos de claridade, usem a humildade, mesmo que ainda estejam com o ego inflado. Falar macio, representar um papel de teatro terreno não e a meta dos discípulos e sim, representar o grande papel universal a que vieram neste plano.

A priori é ter paz e não entrar na euforia do conhecimento. Depois, muito devagar a sabedoria chegará de mansinho como quem não quer nada, se instalará em todos os neurônios. E, mesmo assim, os outros não entenderão o que aconteceu com vocês, pois o que é certo para uns, para os outros é errado; nem todos passam por esses caminhos.

Novamente, deve somente a paz permanecer, se não, será impossível conviver com as outras pessoas. É bem verdade que é bom ficar às vezes sozinho, mas não sempre.

Em certo nível ainda são capazes de se perderem e não aceitarem mais a evolução. Permanecer em um ensinamento, em uma aprendizagem também estaciona a evolução.

Paz, paz e paz".

Imãs

"A luz é a verdadeira fonte de energia para todo o planeta, sem luz não há vida.

Está mais do que na hora de colocar cada vez mais luz, mais amor em seus corações. Aproximam-se tempos escuros em algumas partes do planeta, mais dificuldades, mas vocês foram agraciados com o saber e assim poderão passar por esses conhecimentos em melhores condições do que aqueles que não sabem. Trabalhem muito a luz em suas mentes, não procurem ver as desgraças, porque ficarão vulneráveis a elas.

Cada vez mais se envolvam no manto de luz para não serem focos das trevas. De tempos em tempos a humanidade sofre uma descarga de magnetismo.

Explicarei melhor. Peguem dois imãs em suas mãos e aproximem um do outro, vejam como se atraem.

O momento é assim, a luz é um imã e as trevas também, por isso vão se aproximando, porque, quanto mais aprendem, mais vulneráveis acabam ficando devido ao ego. Somente depois que passarem por esses momentos difíceis melhorarão. Os que já estão ajudando acabam também sendo influenciados, pois a descarga elétrica é muito grande.

Tudo vem mostrando a vocês que o orgulho, a vaidade de conhecer e acharem que agora podem sozinhos vai levar ao sofrimento.

Avisamos porque alguns estão sofrendo influências de outros que são resistentes em seus pensamentos e não conseguem abrir suas mentes totalmente para a luz. Estão fascinados com o que sabem e têm muito mais para aprender e passar para nova fase. Têm demorado a compreender e envolvem os outros, querendo manipular para obter maiores conhecimentos.

Somente aqueles que estão prontos para saber, saberão, na hora certa, no momento certo".

Poços

"Muita paz a todos.

Queridos filhos, mais uma vez viemos para dizer, para abençoar, para que se sintam mais amados, mais assistidos, mais ouvidos.

Assim como sempre pedem as mesmas coisas e não têm paz para esperar, também nós temos que dizer as mesmas coisas. Seria muito fácil a subida dos degraus desta escada se todos tivessem o mesmo nível de saber. Não precisaríamos passar tantos conhecimentos em palavras e ações.

As pedras são a compreensão para se chegar ao entendimento. Nada adianta retirarem as pedras inconscientemente, sem saber o porquê de estarem ali.

Seus castelos não ficarão de pé só com as areias dos seus sonhos e dos seus desejos. Passar pelas provas e testes significa aprender.

Por que continuam questionando tanto?

Façam a construção pedra por pedra, que essas paredes solidificarão tanto que a fé se tornará parte de cada um, o amor, a paz e a pureza, tudo será perfeição.

Devemos alimentar sempre a fome que têm de saber.

O alimento é dado e todos se saciam, alguns não digerem, simplesmente perdem-se as vitaminas que deveriam ser aproveitadas pelas suas mentes.

Todas as mensagens contêm ensinamentos diretos e outros para quem tem os olhos e sentidos aguçados.

Se não estiverem em paz, não conseguirão captar o sagrado, o oculto. Alimentem-se desse saber, fechem os olhos e ouçam com o coração, com o interior para as verdades ficarem escritas com letras de ouro e assim, no dia em que forem testados, lembrarão dos ensinamentos.

Um poço deve ser cavado às vezes muito fundo para brotar água, outras vezes, não tão fundo assim, as águas são salobras e não aproveitáveis, ficando inútil a abertura do mesmo.

Vocês podem cavar como quiserem seus poços para encontrar a sua água, mas não poderão parar, porque se não chegarem no veio certo, ela não brotará, poderá até se encher de água da chuva, porém, na mais leve seca, também secará.

Se seus aprendizados não forem profundos, a fonte secará e perderão o que já sabem, por orgulho".

Calar

"Uma gota de água contaminada serve para contaminar um recipiente de água limpa.

Cuidado, amados, estão falando e agindo em certas situações erroneamente. E, uma palavra, um ato, uma atitude impensada pode levá-los ao caos. Não pensem que são infalíveis sozinhos, os demais também pensam que são.

Grande erro agir por agir. Pode ser que não tenham mais jeito de reverter algumas ações erradas.

É tempo de observar, aprender, conquistar não de escravizar.

Aprendam: 'quem diz o que quer, ouve o que não quer'.

O calar não é só para alguns, todos devem fazer esse exercício, porque na ânsia de falar perdem grandes oportunidades de ouvir.

É de grande importância escrever o que sentem para não precisarem falar tanto. Lembrem que a palavra tem poder, quanto mais falam mais afirmam a ação errada na energia de vocês.

'Aquilo que não queremos, não falamos'.

'Aquilo que não quer para si, não afirme para os outros'.

Saibam viver, discípulos do amor! Que ânsia é essa depois de tantos ensinamentos que estamos dando?

Muitos perdem momentos que poderiam ter grandes claridades porque não sabem calar.

Momentos de extrema importância estão deixando passar por não se deterem um pouco na paz; fazem de seus pequenos problemas, uma tempestade. Já é mais do que hora de eliminarem os preconceitos para poderem viver em paz".

Disciplina e iluminação

"Os ensinantes e os ensinados.

Os comandantes e os comandados.

Os sábios e os ignorantes.

Na disciplina está a sede do saber, sem disciplina e ordem em suas vidas não há sabedoria.

Os sábios têm conhecimento do muito caminhar, disciplina e autocontrole é possível ao ignorante o conhecer e o galgar os degraus que levam ao entendimento.

Se não souberem obedecer, jamais saberão mandar, se não se deixarem comandar, jamais saberão comandar.

Verdades que são veladas, escondidas dos que ainda não conhecem a senda.

Os ditames de um coração e de uma mente sábios serão as verdades. Como foi de Jesus e de outros que passaram pela Terra.

Se vocês estão no caminho e ainda são vaidosos e orgulhosos para não se deixarem ser comandados, a estrada é longa.

Ser comandado não é deixar os outros fazerem o que quiserem com vocês, deverão encontrar sempre o caminho do meio para andar. Agora chegou o momento difícil no qual muitas opções estão sendo colocadas a sua frente para poderem conhecer a fidelidade e até que ponto podemos confiar, e assim, depois concedermos as verdadeiras missões de cada um.

Não é nossa pretensão dar mais do que podem receber, para não desestruturarem suas vidas. Não temam, não daremos mais, é na medida certa. Se concedermos é porque podem, porém, antes têm longo caminho a percorrer.

Lembrem da emoção e da razão seguirem juntas, não é de nossa vontade ou interesse atrapalhar.

Segurança e paz neste caminho são necessárias. Por isso, estamos preparando-os; nossa discípula era arrojada e assim, pudemos dar a missão antes de ela entender o verdadeiro sentido da vida. Todavia, precisava ser desta maneira, pois os anseios de seu coração eram puros e ela sempre se doou na fé e na esperança. Hoje, ela entende e continua aprendendo com cada um de vocês. Cada um, para ela, é um pedaço do universo que tanto queria descobrir. Hoje, ela sabe os mistérios quais são, mas vocês ainda continuam na escola, na faculdade da

Terra; depois a grande universidade dará a todos o mesmo que ela conhece agora.

O fogo, as chamas já ardem dentro de cada um para depois suas mentes arderem em amor e seus corações baterem tão mais forte do que o normal compreendendo a vida, o universo e descobrindo também os mistérios. E, todos caminhando juntos, Mestres e discípulos; comandantes e comandados; sábios e ignorantes, trará os sorrisos em seus rostos iluminados de saber.

Discípulos amados, paz muita paz.

Nós amamos vocês".

Universificando

"Dos seus destinos traçados pela mão do Pai, muito fazem.

Procurem pegar com as duas mãos as sagradas águas e purificarem suas mentes para assim caminharem.

Confronto nas lutas predestinadas para cada um, não haverá fugas.

Fazer açúcar do amargo da vida todos devem aprender. Se muito se decepcionarem diante do amargor, sem conseguirem deixar com um gosto melhor, podem chegar ao fundo do poço, como muitos já chegaram. Se não aprenderem perante as simples dificuldades que a vida oferece, cada vez mais crescerá o traçado, alongar-se-á e não se chegará ao fim.

Paz. Aqueles que vão saindo das dificuldades sabem que, se não houver paz, não há crescimento.

Fé, a fé deverá crescer muito, acreditarem que hoje é um dia e que amanhã será diferente, deverá ser para cada pessoa a meta para evoluir sempre.

Não analisem suas vidas baseando-se naquilo que os outros conseguiram, porque, se um consegue, todos podem conseguir. Não invejem a aquisição do outros se eles mereceram antes de vocês.

A perfeição é o objetivo de todos e vai chegando de acordo com os planos traçados.

Os planos são seus e também de alguém que pensa por vocês.

Automotivação é vocês criando para si mesmos a confiança de que são capazes de mudar tudo em suas vidas e não terem medo das mudanças.

Se não tiverem nesse momento a capacidade de sozinhos enfrentarem seus monstros, peçam ajuda. Muitos monstros ainda os impulsionam.

Por que não deixam a mão divina os empurrar para frente sem medo do que vão enfrentar?

Por que o medo sem limites das perdas?

Todos, em algum dia, em algum lugar, perderão para conhecer. Passem por esses momentos em paz.

Perder alguém que se ama, objetos, coisas materiais fazem parte do processo evolucional do ser.

Ganhar, substituir uma perda por algo que não é igual, é ganhar.

Façam a substituição para agradarem seus egos até conseguirem se enfrentar, mas saibam que substituir não é o verdadeiro.

Falso X Verdadeiro.

Em algum momento, no desconcentrar, o maior matemático erra.

Por que não aceitar o mundo dual, tirando da dualidade um pouco do falso e um pouco da verdade fazendo um terceiro componente do universo?

Universificando, versando o cosmo.

Não dá para fugir do certo e do errado, da intenção erudita do planeta, dos estudos concentrados na inteligência do homem.

Tirem proveito das suas capacidades pensantes sem se apavorarem com os acontecimentos os quais não conseguem manipular.

Alguns são partes suas, outras, partes do sagrado. Não há solução diversa, aceitem que os pratos da balança se não tiverem com pesos exatamente iguais nos dois lados, penderá para cima ou para baixo.

O peso das suas ações deve ser igual para os equilibrar e poderem caminhar com tranqüilidade.

Paz, meus amigos e companheiros, paz".

Marcha de solidariedade e de carinho

"Imaginem vocês se todos tivessem no lugar da cabeça um coração. Dois olhinhos, nariz, boca, orelhas, cabelos e que o coração distribuísse todas as ondas dos sentimentos, assim todos poderiam ver e sentir sem que ninguém pudesse ocultar os pensamentos agindo com sinceridade.

O cérebro é o centro de todos os pensamentos, do oculto, da verdade, da inteligência que se liga ao ego, e esse, faz loucuras.

Porém, hoje não vamos falar do ego e sim, do coração. Um órgão que foi dado para todos poderem ter as vidas pulsantes, vibrantes e principalmente, poderem amar.

Portanto, é hora brasileiros de unir as mãos. Abençoar, glorificar, elevar os pensamentos e colocá-los em ação junto com o coração e amar.

Amar essa terra querida, amar este céu tão azul, amar tudo o que existe, mesmo que para isso, falte muito a muitos brasileiros.

Inúmeras pessoas não conhecem ainda o valor desta marcha de solidariedade e carinho por seu país, mas não importa; os grandes movimentos começam com apenas alguns e no final viram mundiais.

Vocês agora sabem por que estão no Brasil, para esse movimento de amor. Já foram líderes de muitas ações no passado, já caminharam muito e agora está até mais fácil do que no passado. Era das comunicações, venceram muitas batalhas, mas como não se pode ganhar sempre também perderam lutas.

O aprendizado foi grande. Está na hora de deixarem o coração subir até as suas cabeças e amar, amar essa terra, este povo, esse país, e, de mãos dadas sempre mentalizarem o Brasil dentro de um círculo. Essa é a meditação que deixamos a vocês hoje.

Amamos vocês e esperamos de todos as vibrações para o Brasil, pois, cada vez que um lembrar poderemos conectar as forças do nosso amor juntamente.

Se em um passado foi difícil, façam do presente alegrias e festas para que no futuro todos possam mostrar seus corações nos rostos, nos sorrisos, nas lágrimas e demonstrar os sentimentos sem medos.

Amamos muito, muito, vocês.

O Pai Celestial continua iluminando a todos com seu amor de Pai Amor".

Flores

"Filhos amados, sempre vou ensinar a vocês com o carinho daquele que toca uma flor e sente, vê a beleza e fragilidade na vida dela.

Para nós, cada um é uma flor frágil, delicada, porque, se não houver delicadeza para com ela, as pétalas voam ao menor vento.

A vida de uma flor é bem curta se comparada à dos demais seres vivos, porque ela é um processo de outro ser vivo, uma árvore ou simples ramos. Ela está à mostra, a concepção divina da semente para outros processos, novas plantas, novas flores.

Compreendam amados o que são para nós, são flores radiantes que com um simples olhar se pode ferir, um gesto, uma palavra pode mortalmente atingir e fazer com que as pétalas voem ao vento.

Paz, nós precisamos ensinar; sabemos a fragilidade do ser, mas sabemos às vezes a rudeza da palavra por mais que mansamente nos expressemos, pelos seus momentos ainda como flores ao vento. Chegará a hora em que serão deodaros, porque estes pequenos espinhos que às vezes temos que mostrar, criam o nó que os deixará fortes e ninguém os invadirá, nem machucará.

Todo este caminho é só um caminho, e, quando chegarem aos seus destinos, tudo mudará, reforçados na fé, no amor e em todos os sentimentos que agora estão sentindo. Se tiverem coragem de seguir adiante deixando que suas flores aceitem as intempéries do tempo com paz e amor serão aquilo que almejam ser, flores.

Flores, se hoje precisamos pedir perdão, pelos ensinamentos pediremos, sentimos as batidas de um coração na hora que entramos com uma lição, pois existe um coração que os conhece e que os ama muito. Esse ser que escolhemos para os ajudar nesta busca, não se precisa falar mais sobre ela, porque aqui não caberia, ela não aceitaria.

Deixamos vocês a analisarem, cada um a seu modo e em seus momentos.

Qual o sentimento que vem quando alguém diz não para alguma coisa que querem ou desejam possuir?

Esses são sentimentos humanos; vocês já não estão mais no mundo profano consciente; são lacunas que foram preenchidas todo esse tempo com muito amor e poderão compreender melhor o que eu falo agora.

Deixemos os sentimentos, atitudes, atos e ações para vocês comandarem. Comandem suas mentes.

Amamos vocês"

Representar e apresentar

"Expressões faciais, corporais, físicas.

As expressões, os trejeitos, os modos, os jeitos de cada um.

Os aprendizados na escola da vida e nos cursos na Terra.

Alguns exímios artistas na arte de representar. Dons inatos e dons que podem ser lapidados em todos, sem exceção.

Transformar, modificar, melhorar.

Representar: a representação de cada um diante dos fatos terrenos que se desenrolam todos os dias, em frente a todos.

Apresentar: como cada um se apresenta sem precisar representar. Modos estudados diante do espelho para que os outros aceitem os seus atos como fatos.

Não existe o que não possam fazer para melhorar. Atentem para os seus. Conversem com eles, nada melhor do que um diálogo entre amados para que um diga ao outro como seria se melhorassem um pouco aqui, um pouco lá, conversa em paz, sem gritarias na hora da raiva.

Nada impede amados, de viverem com seus familiares em paz, de agirem em paz. Às vezes uma simples expressão facial basta para um sentimento de raiva, embrutecer e alimentar aquela atitude que estão estudando tanto tempo e que não têm coragem de tomar.

Estão pensando muito, estragam um momento que poderia ser tão belo por coisas passadas e que já se acostumaram a pensar e pensar.

O passado fantasma que sempre ronda, principalmente à noite, antes de dormir, quando seus corpos anseiam por um descanso.

Depois de passarem a maior parte dos seus tempos com prevenções contra tudo e todos, está na hora de mudar.

Olhem-se agora no espelho do consciente e vejam se só os olhos são errados, vejam por quanto tempo também permaneceram errando, então, não cobrem tanto dos seus; na hora certa eles também vão se dar conta dos erros.

Tratem de se curar das mágoas verdadeiramente; não usem somente o remédio físico; usem muito em todas as horas o remédio da alma para emitirem principalmente para os que mais difíceis lhes parecem. Aos inimigos declarados e os ocultos também, por vezes o inimigo oculto é aquele que mais perto está, emitindo ondas negativas.

Usem o grande remédio, demora mais, mas não falha nunca.

Vou dar a receita desse remédio, todos podem fazer: uma pitada de bom senso, carinho no pensar, compreensão, fraternidade, aceitação e o principal: o amor. Tudo isso com muita paz e um pouco de paciência.

Na Terra existe algo que se chama tempo. O tempo existe para tudo. É só amar, não se entristeçam se não tiverem amor em troca agora, depois terão tudo o que quiserem.

O presente, o momento que estão vivendo é o mais importante, aqueles que estão vivendo junto a vocês talvez ainda não se conscientizem disso, mas vocês já, aceitem o presente como é, como se estivessem recebendo uma caixa linda com papel e fitas coloridas, esse é o presente. Um lindo pacote que damos a vocês por esse dia presente.

Poderiam perceber qual é o presente que estão recebendo agora?"

Janela

"Por que é normal depois de um dia de festa a ressaca, no plano material?

Como é uma festa comum?

O que é sentido, observado depois de um encontro ou uma festa?

Sensações para alguns, complementação de estudos, para outros, insatisfações, neutralidade, ou ainda bênçãos do Pai, revelação de mais um pedaço do caminho andado, de ter encontrado assim o verdadeiro sentido da vida.

Para encontrar o sentido da vida, o ego vai morrendo, vai se deteriorando para crescer um mundo novo do Eu Sou divino, esse passo ainda meio incerto, e, 'como eu vou viver sem um ego, sem querer tudo de melhor para mim'?

Não está errado querer o melhor, mas como é esse querer o melhor?

As pequenas coisas revelam o quanto ainda há dificuldades para os amados compreenderem o que vem do Eu Inferior e o do Eu Superior.

O inferior revela mesquinharias, sente-se traído por qualquer atitude dos companheiros; o superior, pelo contrário, sempre agradece essas pequenas coisas e o fazem crescer.

Sentar, abaixar a cabeça no peito e chorar por tudo o que acontece é covardia. Deverão enfrentar de frente sem medo de fazer, passar pelos testes e provas.

O conhecimento está fechado dentro de vocês, o medo os faz permanecerem inertes e sem saber o que fazer diante dessas situações ou provas.

Deixem o Eu Maior agir, pois esta sabedoria lhes é peculiar. Deixem o eu pequeno não intervir nas suas grandezas, no amor, nos seus caminhos.

Quando observam uma grande queda d'água, qual a emoção sentida?

E, quando observam um filete de água caindo, o que sentem? Que as águas seriam diferentes pelo volume ou o tamanho da queda?

Ela não mataria a sede? E, para matar a sede não basta um jarro ou um copo somente?

Meus queridos companheiros de amor: como é belo aprender o amor, assim aos poucos. Todos pensam saber amar, todos amam algo ou alguém, mas vejam quanto já os ensinamos e o verdadeiro amor ainda não flui neste rio incomparável, com a suavidade com a qual a luz passa pelas janelas das casas...

Sejam as janelas, aberturas feitas para que a luz entre, deixem janelas nos seus pensamentos, pois assim deixarão o amor fluir em seus rios para serem águas cristalinas.

Que mistérios insondáveis passam nesses córregos que são os seus cérebros?

Abram esses caminhos trazendo o coração até eles e sintam o milagre que se opera dentro dos labirintos dos pensamentos.

Abrindo os caminhos, a luz cor-de-rosa fará milagres.

Não procurem os defeitos dos outros, não julguem as ações alheias.

Deixem as águas correrem, deixem a luz entrar pelas janelas abertas e caminhem em paz, pois, quando acordarem do longo sono, estarão livres dos pensamentos pequenos e serão felizes.

A história das suas vidas ficará marcada no registro de cada um como um conto que foi escrito por um escritor famoso.

Escrevam essa história, a história de suas vidas com letras de ouro para deixarem marcada para sempre em suas memórias.

Vivam todos esses momentos como se estivessem vivendo no conto das 1001 noites, que conhecem.

Tudo o que estão vivendo aqui é o presente dado a alguém que conseguiu entender o verdadeiro sentido da palavra amor. E, conscientemente decidiu ajudar a escrever a história de cada um, nos servindo de canal.

Vocês estão nos ajudando a escrever a história dela, porque daqui para frente os presentes serão muitos e precisamos da colaboração de cada um nessa história que começou em 8 de maio de 1949 e se confirmou em 8 de maio de 1997".

Liberdade

"Todos têm direito de possuir liberdade, liberdade em todos os sentidos, principalmente de pensamentos.

A maioria vive prisioneira dos sentidos e pensamentos que são desencontrados e desordenados causando doenças e desordens, comprometendo-se em enfermidades.

Nos tempos onde liberam energias que ficaram congestionadas anos por causa de raivas, ódios, mágoas e rompantes foi destilado veneno para o próprio físico.

Aceitem os momentos onde as enfermidades devem aparecer para liberar essas energias retidas.

Os filtros são vocês mesmos, os sentimentos passados estão registrados no consciente, e esse se sobrecarrega e, agora, nos momentos em que começam a aliviar, surgem os sintomas físicos. Em algumas pessoas foi tão forte a carga de negatividade que para desfazer leva mais tempo.

Ajudem sim, com remédios, porque têm momentos que os anticorpos já se fragilizaram.

Ah, meus amigos e queridos companheiros de caminhada; se vocês soubessem como agridem seu duplo etéreo com sentimentos mesquinhos fariam de tudo para não se envolverem nas coisas pequenas da vida.

Hoje, a luz do sol brilha em vocês, aproveitem essa luz e aprendam que ela ilumina a todos, não só aos que amam. Todos têm direitos iguais; então, por que a luta desigual do mais forte pisar no mais fraco?

'Por que o inocente deve pagar pelo pecador?'

O sol não pergunta quem é bom para iluminar, ele ilumina a todos.

O dia e a noite sempre vêm na hora certa independendo do que está acontecendo.

Uns estão nascendo, outros morrendo, uns estão imensamente felizes, outros imensamente tristes.

Quanto precisamos dizer: vivam vocês, por vocês e não sofram pelos demais. Não acarretem dores e doenças no físico. Não se iludam com palavras jogadas ao vento que dizem por dizer, porque foram instruídas assim.

Sejam fortes para separar e não usar as suas mágoas dos momentos.

Centrem-se na luz para não cometerem injustiças.

Sejam mansos e humildes, escutem os pedidos de desculpas e saibam perdoar pelo sentimento profundo, não para parecer que são bons. O ser bom aos olhos de alguns é que os outros nunca os contradigam.

Saber discernir a verdade é ser manso e bendizer, é perdoar.

Saibam dissolver o mal, e, para isso, é preciso ordenar os pensamentos, não se desgastar".

Construção

"Capacidade de seguir é para quem pode, para quem quer.

Coragem, força, persistência, discernimento para poderem compreender cada passo dado e o terreno que estão pisando.

Tudo é composto de matéria na Terra, por isso a pesquisa se faz necessária, o estudo, o saber.

Devem analisar o terreno, a terra quando vão edificar uma construção. Agora é hora de todos se compreenderem, se conhecerem para poderem edificar em seus interiores o templo sagrado. Por meio da disciplina, dos hábitos positivos, essa grande construção, pedra sobre pedra, solidificará e chegará a finalizar a grande cruzada da Paz.

Cada acontecimento é uma lição para poderem aprender a serem paz a terem paz.

Buscarão cada vez mais nos momentos de fraquezas a força para continuar. Nunca foi dito a vocês que seria fácil esse entender; pelo contrário, sempre dissemos que seria difícil, mas que seria maravilhosa essa marcha de responsabilidade do ser.

Quanto mais vão crescendo mais responsabilidades os outros vão cobrando. Cabe a cada um discernir até onde é seu o caminho e até onde é o do outro. O sofrimento quando se sabe passar por ele, deixa de ser sofrimento.

Muitas pedras que não se ajustam na sua construção deverão ser colocadas de lado, talvez possam ser usadas para outras coisas mais tarde, mas, às vezes se faz necessário deixar de lado, porque certas pedras são muito duras de se modelarem, e, também, não são para vocês modelá-las, pois elas pertencem a outra construção.

Passam por tantos caminhos sofrendo por coisas que não fazem parte dos seus sofrimentos e canalizam a dor.

Muitas das suas dores, até físicas, são calos dos seus pensamentos, por quererem muito que os outros se modifiquem.

Lembrem e saibam: pedras que pertencem a outra construção têm corte e dureza diferentes das suas.

Aceitem seus amados, amem-nos verdadeiramente, deixem-nos, aliviem seus ombros das responsabilidades que não são mais suas.

Amem, somente amem, o amor é divino e promove milagres.

Ajudem, mas não sejam impertinentes e 'velhos' que não querem compreender. Pois, já falamos do grandioso potencial da mente humana; usem pelo menos um pouco desta universalidade.

A plenitude desencadeia a paz, a compaixão, a serenidade e, sobretudo, o amor incondicional.

Tentem, tentem tudo para ajudar, mas, quando não conseguirem mais, dêem um 'basta'. Além do mais, tentando ajudar não se comprometam desnecessariamente pensando no problema o tempo todo. Ajudem e deixem-os seguirem, não corram atrás mesmo que para isso, dentro de seus quartos, as lágrimas os vençam.

Nunca esqueçam da necessidade das lágrimas caírem, rolarem para aliviar as mágoas. O choro é a válvula; quando vem, o termômetro cede. Muitas vezes o choro é a solução, não se preocupem com ele. Ainda bem que o Pai Amor pensou em tudo quando fez a sua construção. O corpo humano é a máquina mais perfeita que existe. Alguns têm defeitos, mas é muito normal que assim seja. Alguns ainda não caminharam suficientemente nas estradas das vidas pregressas e por isso devem caminhar.

Os defeitos das máquinas humanas são corrigível; nada deixa de ter solução. Se faltar algumas vidas para alcançar a luz, basta só continuar evoluindo e muitos chegarão mais rapidamente.

No concurso da vida de cada um a porcentagem de aproveitamento será bastante grande, obterão boa nota e concluirão brilhantemente.

Se conseguirem entender os ensinamentos, se estudarem as questões passadas, se fizerem todas as provas, já terão conseguido amenizar muitos dos sofrimentos que ainda teriam. Se puderem aceitar os testes e provas serão como Jacó, seus nomes mudarão perante o Senhor, pois se dignificarão, e a luz não se apagará jamais.

Nos momentos difíceis que deixam a luz se apagar é que enfraquecem a grandeza do amor e ficam vulneráveis com a luta parecendo interminável.

Ilusões de seus egos, sempre pregando peças nos pensamentos achando que podem ter tudo.

Atingir a plenitude é o desejo da maioria; alguns ainda consideram que não são dignos de pensar nela.

Todos os tipos de pensamentos podemos captar daqui e de outros grupos que também ajudamos.

O crescimento é assim mesmo, todos no mesmo caminho em níveis diferentes de saber.

Amem-se, iluminem-se, valorizem-se, compreendam-se, mas não sejam narcisistas.

Humildade, compaixão, amor.

O Pai Amor derrama bênçãos para todos e nós os abençoamos sempre".

Rios

"Controlem seus pensamentos e sejam luz.

Notoriamente os pensamentos são as avalanches que deslizam morro abaixo soterrando tudo.

O controle emocional é necessário para todos; conseguindo controlar os pensamentos, o emocional se abranda havendo completa mudança.

Os sentimentos são como os rios, em alguns pontos se avolumam muito, e, se não conseguem controlar o mental, agregam para si pormenores já esquecidos fazendo com que a tempestade seja inevitável.

Quando se aperceberem da chama violeta para agir amorosamente em vocês mesmos e em todos poderão fazer milagres.

Controlar – 'gostamos de controlar tudo o que nos cerca'.

Busquem o autocontrole com uma história pessoal para recordarem dos bons momentos quando a energia positiva está em baixa, e a negativa entra em alta. Todos têm momentos maravilhosos que passaram, para nas horas conturbadas usarem como energia de amor.

Os pensamentos são fontes arrebatadoras; saibam usar as fontes para gerar luz.

As águas não geram luz para iluminar as casas e cidades?

Ao programarem o bem, essa corrente levará energia, não elétrica material, mas elétrica divina, arrebatadora força, podendo estar a milhas de distância do ponto onde querem propiciar a luz.

Usando qualquer dos sete raios nessa programação, é certo o auxílio do plano maior.

Façam seus pensamentos percorrerem as distâncias como águas puras, como correntes elétricas para dar a luz.

Amados, queridos filhos da luz, que a graça divina poder tê-los de volta ao nosso convívio, mesmo que em outras dimensões. São peças importantes e alguns ainda dormem o sono da ignorância não crendo na vida espiritual, desejam ainda brincar de Deus na Terra e provar os fenômenos que não têm provas nessa dimensão. São seres de grande capacidade, mas que não conseguem sair do radicalismo terreno querendo provar tudo.

No terreno que estão pisando hoje não há mais mistérios, porque muitos desses já estão sendo desvendados *in loco*, é a mente divina na mente humana.

Usem a força de suas mentes e continuem fazendo os exercícios que logo os córregos serão grandes rios, e a força destas águas será controlada pelas comportas do saber.

Passando pelos testes presentes, brilharão no futuro.

Oh, filhos da luz, como são belos esses momentos que juntos podemos estar para ajudar em seu plano! Se soubessem a trilha sonora da música divina que se faz, se todos pudessem ouvi-la derramariam muitas lágrimas. Essa beleza é incalculável para o plano no qual vivem.

Quiséramos que todos pudessem deter na alma esse poder de assimilar todos as sagradas coisas dos mundos superiores, mas, quis o Pai Supremo que nesta fase de seus espíritos teriam que crer sem ver.

'Benditos os que crêem e não viram'.

Presentes incalculáveis são os seus dias, e muitos passam por eles sem ver as belezas, ao ouvir, ao sentir.

Se todas as sementes, as boas sementes, nascem e crescem, deixem que a luz do sol toque as suas, que já brotaram há muito tempo, para que cresçam. A luz do sol deixará que as águas se clarifiquem e corram em direção do oceano da vida.

Paz e muito amor".

'Ser ou não ser, eis a questão'

"Smort: espírito aventureiro, porém dedicado que passa mais uma vez na Terra para fazer e cumprir sua missão. Gosta de empreender viagens de conhecimento e aprendizados de amor. Um pouco rebelde, mas bom e muitas vezes não acompanha o programa que veio para cumprir.

Senhor, tudo é maravilhosamente belo quando podemos olhar e enxergar, sentir o divino.

Mundo de luz e de paz que está só em um alto plano da consciência. Atingir este nível é compreender e entender as agruras da Terra. Nível máximo do ser em evolução, consciência aberta, não sofrer, passar pelos testes e provas sem ficar nervoso, tenso.

Extensão do Pai Amor, estrelas que brilham na constelação de amor do amorável Pai. Cada estrela dessas está na batalha para brilhar mais, não por orgulho, vaidade ou por falta de humildade e sim, por saber que a divindade é parte do seu ser e essa parte deve brilhar muito.

Cada momento vivido é um aprendizado, cada vinda na Terra é só crescimento.

É difícil o ponto de avançar para frente das batalhas, é sofrimento e covardia para alguns, mas para outros é medo dos demais, de não conseguir atingir o êxtase divino. Apego nas coisas da Terra que estão arraigadas, enraizadas, plantadas no querer e no amor apego, isso sim, pode ser covardia, não querer sair do igual.

Ignorem o mental, pois dentro da inteligência adquirida na ciência os informam igualmente, provando o mundo e comprovando seus átomos.

A beleza está justamente na não comprovação científica do poder daqueles que sem passar nos bancos universitários da Terra trazem conhecimento do passado, e, o ponto de interrogação: 'ser ou não ser, eis a questão'.

Quadrado, redondo, retangular não é o ponto principal de formas criadas pelo Criador, não importando assim a forma do mundo, que, como vocês sabem, foi muito questionada.

O que adiantou para vocês a descoberta do redondo?

Isto é um fato histórico para registros dos tempos em que todos viveram.

De tempos em tempos algo é descoberto e o fato é comentado e conhecido no mundo inteiro. Tudo foi acompanhado por todos os níveis.

Essa evolução terrena é programada e não acontecerá de um momento para outro. Vão vivendo e analisando o que ocorreu nos anos passados e assim, em paz, acompanhem a evolução do mundo, ou melhor, a de vocês mesmos.

'Eu sou o controle e o domínio no meu corpo e minha mente'."

Subir e descer

"Mente humana: subidas e descidas.

Ego: latitude e longitude.

Estado de espírito.

Os altos e baixos da vida promovem ao ser desconfortos completamente cabíveis dentro do aprendizado humano.

Grãos condescendentes dos estudos elevados que estão nas provas vividas por cada um.

Limites humanos, pois na verdade são seres ilimitados habitando um corpo limitado. Corpo físico também necessário e com grande capacidade de gerar usinas de forças paranormais.

Conhecimento, destreza, liberdade de movimentos. Liberdade de pensamentos que os levam à angústia por muito pensar. Não estão acostumados com liberdades e misturam tudo.

Na juventude é fácil embaralhar, e alguns continuam pela vida afora misturando sentimentos.

Incompreensível aos olhos terrenos são certas atitudes dos semelhantes.

Não diz respeito a vida do nosso irmão quando a nossa vida já é tão difícil e incompreendida.

Os altos e baixos persistirão até que entendam a jornada de suas almas, sem questionar os porquês. Aceitando os limites sendo seres sem limites vindos de corpos de luz para iluminar.

Às vezes chegam para trabalhar em grupos socorrendo as pessoas que buscam ajuda e são merecedoras; fazem milagres de cura acontecerem e serem constantes.

A cura é um processo de amor do doador e daquele que recebe também.

Os que trabalharão com grupos familiares deverão ser humildes e não se sentirem mais do que aqueles que precisam, pois os que precisam são pontos importantes para o crescimento dos que ajudam. Aqueles que já trabalham nos familiares irão reconhecendo as energias e ficarão cada vez mais perceptivos.

Reconheçam suas energias e a dos outros sendo mais claros o possível para poderem receber maiores informações dos seus Mestres instrutores.

Muita paz, pois alguns demorarão a entrar em contato, mas a fé será um ponto muito forte para saberem que estão no caminho certo.

Acreditem no que fazem com muito amor.

Render-se para a luz e finalmente abraçar fraternamente o mundo. O amor é isso, é redenção.

Quando se renderem ao amor incondicional, saberão o que é morrer sem desencarnar, o morrer através da transformação. Transformação e revelação que nascem da morte, do controle escravo da ilusão do indivíduo no mundo. Ilusão das rédeas que os prendem a padrões preconceituosos do mundo.

Deixem queimar as impurezas dos pensamentos negativos, atos e atitudes maldosas.

Deixem o fogo criador e purificador criar uma refinada condição para seu espírito transformando o ser em instrumento da sabedoria divina.

Tudo é evolução quando o ser está neste processo. Ao passarem pela condição de provas, a controvérsia virá justamente no fazer o teste e não crer, não aceitar, achar que Deus é o culpado pelas coisas ruins que acontecem. Pelo menos vocês, amados, que querem evoluir, aceitem as provas com amor, estão sofrendo sem que precisem sofrer, o que deverão deixar ir embora de suas vidas não conseguirão reter; o que precisa ficar, ficará, mas o perdão e a aceitação são fundamentais!

Dificuldades sim, perdedores nunca, porque, mesmo perdendo, saberão depois o quanto ganharam nessa perda.

'Senhor, fazei de mim um instrumento de vossa paz.

Envolvei-me na vossa luz, e me fazei crescer em vossa sabedoria, pois só assim poderei andar armado e protegido, amparado pelo seu amor.

Assim seja'".

Conhecer-se para compreender

"A luz é parte da natureza, as trevas também.

Reconhecer Deus em algo insignificante como um grão de areia ou um matinho e em algo realmente grande como no imenso oceano ou na colossal Floresta Amazônica. Isso quer dizer fé, humildade, complacência, esperança, fraternidade, amor, plenitude, compreensão, entendimento. É como estar em cima e estar embaixo, é estar de pé, é estar no chão, é estar na Terra e amá-la enquanto nela se está, é procurar ser feliz na infelicidade. É resgatar a bondade no coração, é subir sempre, não parar, é encontrar Deus dentro e fora de si em todos os lugares.

Bênçãos do céu, de Deus, dos anjos aos de boa vontade que contemplam e são contemplados. Os contemplados são os merecedores, porque contemplam.

Buscar o autoconhecimento, continuamos a ensinar, porque a contemplação virá depois de admitirem os trâmites das suas consciências, dos seus interiores.

Não pesa em nada olhar no espelho e verem suas presenças. Essas presenças divinas aparecem quando se reconhecem verdadeiramente.

Nossa semente está sendo plantada em toda Terra, muitos estão recebendo ensinamentos para que possam ensinar a outros. Aqueles que abraçam realmente a causa serão nossos instrutores do amor.

Conheçam-se, em todos os sentidos como homens, como mulheres, como trevas, como luzes, como tempestades, como paz. Conheçam-se como doentes, como saudáveis, como ódio e como amor. Conheçam-se como ricos e como pobres, saibam o que é ter dinheiro e não o ter.

Como se portam nestes momentos?

Vocês ainda não se conhecem, não sabem como reagiriam nas diversas situações que a vida oferece, e, se ela oferece, aproveitem, aprendam, tirem lições de tudo o que acham errado, que na inteligência humana pensam que não merecem.

A qualidade de vida que terão depois de pagarem as dívidas e aprenderem com cada situação e abrirem suas consciências será totalmente diferente.

Não rechacem o viver dos próximos, é assim que eles estão bem, deixem-nos, somente amem e entreguem nas mãos de Deus.

A abertura de consciência vem aos poucos; passarão a aceitar o mundo em que vivem com mais paz, terão os corações mais livres para amar e não se envergonharão disso. Sim, porque muitos ainda se envergonham de dizer: 'eu te amo', porque acham que é uma declaração de amor é querer algo em troca.

Desse amor não se quer nada, só se quer amar e nada mais. Contudo, como assimilar isso sem passar pelo tudo e o nada, na compreensão analítica do universo?

É, parabéns, para alguns que estão aprendendo com categoria, sem reclamar dos reveses. E, para outros; cuidado, se querem a evolução não estão sabendo separar os conhecimentos dos sentimentos, atitudes dos pensamentos. Tudo o que pensam ou fazem tem vibrações nos seus próprios universos.

Na força da fé os pecados enfraquecem, ganhando-se os bens do universo.

Muito amor e paz, amados filhos da luz.

Todavia, nós doamos esse sentimento, e muitos ainda não conseguem aceitar por estarem nas provas da vida. O que semeiam não podemos ceifar, haverão de colher o mesmo que plantaram, ainda são inconstantes, às vezes amam, às vezes odeiam, às vezes têm fé e às vezes duvidam, às vezes crêem e às vezes descrêem.

A grandeza do ser é.

Conhecer-se para compreender.

Conhecer para entender.

A clareza da luz é a forma direta dos nossos ensinamentos; cada vez que vier um esclarecimento, uma resposta para alguma de suas perguntas, lembrem-se: 'daquele que muito sabe, muito será cobrado, daquele que nada sabe, nada será cobrado'.

A grandeza do ser no saber é a alegria da caminhada escolhida, chegando na sabedoria divina.

Continuar no caminho de evolução é um grande passo para encontrar na fonte do saber a força, o poder do grande companheiro em ação e as virtudes para voltar à luz.

O grande companheiro e o seu mensageiro dos ensinamentos dos Mestres ascencionados passaram por todos os testes que estão fazendo.

Mantenham-se constantes nos ensinamentos e encontrarão forças quando perderem alguém que amam, quando perderem bens, sejam materiais ou sentimentais.

Não culpem os outros pelos meros ensinamentos do universo. Não culpem os antepassados ou aqueles que já saíram de suas vidas, cortem os cordões que os ligaram a eles; assim, quando o pensamento vier, ficará mais fácil de limpar desviando-o para outras coisas.

São resistentes e fortes em coisas que já não existem e fracos e sensíveis nas coisas que deveriam resistir. Já dissemos também sempre haver dois lados na moeda e ainda a espessura do metal.

Deverão aprender a discernir tudo, compreender todos os pontos nos ensinamentos.

Poderíamos colocar em suas mãos a missão, pelo muito que já ensinamos, mas são muito questionadores, não aceitam os fatos como eles são.

Estão caminhando, alguns se esforçando e outros apenas dançam no ritmo; é isso; dancem no ritmo, aceitem, sem menos esperarem a surpresa virá. Dancem e aproveitem a energia da sincronicidade, companheiros.

Grande é a magnificência do Pai Amor.

Quando utilizam uma concentração em massa nas religiões, a energia é absorvida por todos que fazem parte (e outros também) invertendo as energias negativas através daqueles que não têm comprometimento, apego nem desapego, e essa inversão é a transmutadora chama, ela passa pelos corpos físicos e vai ser recebida por aqueles que fazem a tarefa no nível espiritual e todos podem então, recebê-la, purificando-se e aumentando a capacidade de amar dos seres humanos.

Minha última estada na Terra teve muitos pontos que por ignorância deixei de cumprir. Porém, como sempre existem os dois lados da moeda tive possibilidade de concluir essa tarefa quando saí da Terra. Não antes de passar uns bons anos terrenos incógnito para meus amados e ainda no sofrimento do amor apego que me prendia a eles. Mais tarde, com minha filha mais nova fazendo a caminhada, consegui com ela entender a programação feita para cada indivíduo, e, sabia que teria mais uma oportunidade, o outro lado da moeda.

Comecei neste trabalho com todo meu amor, não deixando de agradecer por ser com alguém amado meu. A partir deste tempo ficou mais fácil caminhar. Não pensem que não existe o ego ainda, mesmo estando do outro lado. Trata-se de um ego um pouco diferente, pois me sentia injustiçado por ter tido doenças físicas e ter ido embora muito cedo, com 52 anos.

São os desígnios do Pai para cada um dos seus filhos.

Ainda com essas dificuldades, pensei no caminho da minha filha e imaginei que podia ajudá-la nesta tarefa.

Fui aprendendo que a tarefa de cada um é responder pelos seus próprios atos. Se fizerem bem as suas caminhadas, não haverá com o que se preocuparem, pois os fios desta rede são tão bem tecidos que sempre há uma saída de todos os nossos comprometimentos.

Tal compreensão só veio mais tarde quando recebi a ordem de ir para novos rumos e que o tempo de estar com ela havia encerrado. Mais uma vez o aperto, a dor da separação por ela e por mim.

Vi o choro que ela queria afogar diante dos companheiros quando não conseguiu falar o que estava acontecendo e foi dada a permissão de me ver desligando-me da Terra e voltando as minhas origens.

Agradeço a Deus, a todos os que estavam presentes naquela data no Templo. Sei que muito tempo já se passou, tenho absoluta consciência, mas só agora volto para explicar e dar minha colaboração na caminhada de cada um.

Meu trabalho hoje é outro, mais devotado, mais sutil, mas estou sempre presente sem estar.

Sei que você, minha filha, compreende o que quero dizer, e sei também que todos buscam a verdade. Reconhecerão cada um dos sentimentos que afloram nos seus íntimos, todos passam por tudo, essa é a principal e única disciplina escolar, na escola da vida.

O plano de vida de cada um são as opções dadas a todos sem exceções na volta à Terra, e, a escolha foi de cada um.

Não culpem ninguém pelas suas derrotas. Vocês terão que aprender com elas.

Na minha última vida tive derrotas e vitórias como em todas as outras que vivi, mas essas foram as derradeiras e, por serem as últimas, o sofrimento foi muito grande por não ter a consciência; por não entender o porquê, perdi tudo o que tinha tempos antes de deixar o físico.

Fiquei mais humano, mais simples e humilde, e mesmo assim, ainda demorei entre a Terra e o mundo espiritual por não ter a devida aceitação.

Vim hoje para dar um alento a todos vocês, para continuar a mensagem e para estar perto de um dos meus amores terrenos.

Hoje amo igualmente a todos, e ela, tenho a certeza, sabe disso e não se magoa por eu dizer que amo a todos por igual.

Esta foi uma das lições que ela me ensinou, ajudou a compreender. Hoje ela me vê como alguém que a ajuda e a vocês também.

Estão sentindo; cada um passa por tudo para evoluir. Não se comprometam em *karmas* com ninguém, só trabalhem a serenidade, a paz e a humildade, que serão plenos no amor.

Amamos a todos, muita paz".

Chama da vela

"Esta é a luz que foi acesa em suas mentes e em seus corações.

Esta é a nossa família espiritual.

Este é um amor, amor de caminhante.

Vocês vão querer apagar essa luz que foi acesa com o fogo divino, por uma dúvida que surge, pela não-aceitação energética ou por antipatias criadas por seus egos que ainda não compreendem um caminho verdadeiro?

Apagar esta vela agora seria parar a evolução.

Como veriam tal situação?

Por que alguns dizem: 'não vou mais para lugar algum, prefiro caminhar só'? Sozinhos teriam a mesma persistência, a mesma fé?

A vela ainda é uma vela; ao mais leve vento pode ser apagar. Quando essa vela for uma chama ardente, nenhum vento, nem um sopro poderá apagá-la.

Conhecem a história do lobo e dos três porquinhos?

Com um sopro o lobo derrubou a casinha de palha de um deles.

Pois é, amigos, irmãos; a fé ainda é como a casinha de palha. O trabalho para todos terem verdadeiramente a fé ainda é longo, porque a fé às vezes é forte e às vezes, fraca. Quando existe em alguns setores da vida, em outros ela enfraquece.

Precisam acreditar que podem, que são capazes, mas não serem em demasia. Tudo tem limites, o ambicioso diz que ele só está tentando construir o futuro, o avarento diz que está se precavendo, e assim, tudo o que é demais ou de menos, implica a humildade de ser.

Ser humilde conhecendo a luz, sendo a luz, vivendo a luz, sem se orgulhar. É difícil compreender até o saber.

O saber é paz na convivência com amigos e familiares.

O saber é o ápice do ângulo, é o pavio da vela que se acende, é a manifestação divina no ser.

Todavia, ainda no saber deverão ser cuidadosos, pelos seus corpos e espíritos. Cuidar da alimentação material e espiritual, pois podem contaminar o corpo estragando o templo único do espírito nessa dimensão.

Alimentar o espírito com pensamentos positivos, leituras e práticas de amor e caridade sabendo que os degraus cada vez mais altos sempre são dificultosos, porque já subiram muitos.

Em cada um o aprendizado vem da maneira certa para que o espírito compreenda algo que ainda não aprendeu ou não quis aprender em vidas pregressas por não estar preparado.

Agora, todos já ouviram, o 'Áfrika de Deus' está em suas mãos, ensinamentos novos todas as semanas.

Tenham calma, paz e sobretudo amor para com os seus.

Neste caminho evolucional é assim mesmo, vocês sabem; os outros, por mais que tentem falar, não estão nos ensinamentos para compreender, pois não ouvem direto da fonte.

A Mãe do mundo diz: 'antes da bonança vem a tempestade'. Protejam-se no que nós já passamos e ensinamos. Tenham pensamentos limpos e claros e orem para que a Mãe Universal, essa energia pura, aqueça os seus corações para compreenderem melhor. Não deixem as luzes dos ensinamentos se apagarem por medo.

Somente os inconseqüentes têm medo de andar, porque é preciso não parar.

Elevem seus olhos ao alto e abaixem-nos para a Terra.

Recebam energia do cosmo e coloquem em seus pés, na terra em que pisam agradecendo por este aprendizado e por estarem na Terra nestes tempos.

Paz, muita paz a todos".

Orquestra Divina

"Sejam criadores.

Sejam criadores do amor, não deixem o amor-engano enganar seus corações; assim fazendo, a paixão os dominará.

Não precisamos de adoradores, precisamos de guerreiros da luz para lutar para o bem.

Idólatras são os adoradores de si mesmos; têm pena de seus próprios sentimentos em relação aos seus atos, pois todos são errados e só eles são os certos e sofrem muito porque os outros não os compreendem.

Somos todos trabalhadores da luz e nos idolatrar seria um erro incalculável nesta época que só precisamos de mãos, pensamentos e corações para os ajudar a evoluir.

As naves que alguns estão conseguindo ver, que são levados a conhecer, têm o intuito de os fazerem sentir a evolução em um crescente de amor maior, são provas do amor maior que faz contato com os escolhidos, que já estão na compreensão e podem passar por tais conhecimentos.

Alguns ficam assoberbados com o que puderam conhecer, outros, com medo de tudo e todos, outros, muito poucos, entram no caminho com paz, amor e segurança, porque acreditaram e agora têm a certeza, sabem que estão no caminho.

Muitos pensam então que não precisam mais dos outros, que podem seguir sozinhos, porque agora têm um conhecimento diferente da maioria.

Compete a vocês, amados, discernir e não saírem do caminho.

Alguns estão adorando e falam dos comandantes das naves como algo onipotente, onipresente. Cuidados são necessários com os seus pensamentos para não ficarem idólatras.

Estamos sim, nesse mesmo barco, ou melhor, nave, para ajudarmos na evolução do mundo.

Seus pensamentos podem comprometê-los nesta separação de emoções, sentindo-se envaidecidos, e a indecisão ainda é parte de suas mentes que não estão prontas na pura missão.

Todos têm missão, mas tenham calma; quando estiverem preparados, tudo será simples e ocorrerá em paz. A angústia não deve fazer parte de seus corações. Acalmem-se e caminhem somente pelos seus caminhos, sem olhar muito os caminhos dos outros. Não procurem 'colar' dos demais nas provas, procurem lembrar dos ensinamentos no momento de suas provas que passarão com notas boas.

Os seus corpos são sons harmônicos, embora ainda não afinados nas oitavas da luz. As cordas às vezes são apertadas demais diante das pressões de seus pensamentos.

Todos sabem quantos ensaios são feitos para uma orquestra poder se apresentar em público?

Na orquestra na qual estão tocando alguns ainda desafinam seus instrumentos e o som se torna perceptível por nós. Ainda não podemos afiná-los, ainda brigam muito com as coisas da vida.

Não percebem, queridos companheiros, que tudo faz parte para que possam afinar seus instrumentos e assim tocar na Orquestra Divina?

Antes de tudo, devem afinar seus pensamentos e corações para os dois andarem juntos, nem só coração, nem só razão, andar juntos, quer dizer, ficar em paz em todos os momentos. Como diz minha amada filha: 'depois as pernas podem tremer, mas na hora tenham paz'.

Estão contradizendo o que estão aprendendo. Não estão harmonizando os seus corpos.

Pensamento sadio, corpo sadio.

Estão se envolvendo com as pressões do dia-a-dia e não se lembram de unir a mente e o coração.

Quando as suas orquestras particulares, individuais tocarem o divino estarão como membros vitalícios da Grande Orquestra Universal".

Iguais, mas diferentes

"Todos os caminhos levam a um só Deus. Dois são os principais: o da rendição e o da liberação.

'Eu me rendo para os processos da vida, aceito-os para evolução do meu espírito. Sofro, as lágrimas precisam rolar, mas estou tranqüilo para aprender'.

Render-se sem julgar, ver, sentir tudo o que acham que é sofrimento.

Trabalhar em alguns momentos a soltura deste sentir, destes pensamentos que os fazem sofrer.

Liberdade é se libertar dos nós, das amarras. Quando houver a libertação, vem a liberdade de ser. Não tenham medo da liberdade, dos sofrimentos, pois isso faz parte da vida.

Para conseguir compreender o 'render-se' é necessário também ir deixando morrer. Morrer tudo o que apavora em relação à vida. Viver é vida, seguir o caminho que está à frente, leve para onde levar, aprender que é por ali que devem passar. Quando conseguirem se liberar dos velhos medos, verão que sobram coisas boas, que todos os caminhos estão desobstruídos e que passarão facilmente por eles. Se sempre estiverem às voltas com o medo de perder, sempre haverá perdas, e elas, aos seus olhos, parecerão irrecuperáveis; perde-se de um jeito, ganha-se de outro.

Ao aceitarem as mudanças, estarão livres para seguir: para onde?

Quem sabe... Agora é só seguir, tem muito caminho ainda na evolução de cada um, não apressem o ritmo, cansarão.

Deixem-se guiar pelo ritmo sagrado da vida e não nadem contra as ondas.

Quando estão muito ansiosos, entrem na quietude do coração ouvindo as batidas, contando-as, amando-se por saberem tudo o que já sabem e descansem. Quase sempre estão estressados, nestes tempos difíceis, mas lembrem que são seres especiais e que não precisam estar iguais aos outros que ainda não abriram suas consciências para a luz.

Pensar que controlam tudo é o ego exaltado, e, quando se encontram assim é bem fácil, por qualquer coisa que aconteça em contrário, o ego desmoronar e a auto-estima, que não tem nada a ver com isso, também baixar.

O universo é um todo, e cada um é um universo em um todo, são micro-universos em um macro-universo. Esses micros são partículas do macro. Para compreender este todo, plantarão muitas sementes e colherão em muitas safras.

Se pudessem abranger agora este todo, todos juntos, a explosão de energia seria iluminação total, vista por todos em todas as partes do mundo.

O amor seria incomensurável em todas as dimensões. Por isso é evolução, porque se Deus tivesse criado tudo igual já seria assim em todos os mundos habitados. Evoluir significa crescer, ir aprendendo, ir vivendo. Escolher um caminho e seguir, saber que certas coisas devem ir embora e outras devem chegar. Ir substituindo crenças, medos, dor, pensamentos que povoam as suas mentes fazendo-os seres sem brilho. Todos são capazes e o brilho, cada um é responsável pelo seu; então lapidem as arestas, deixem que suas pedras vão se embelezando e brilhando.

Um indivíduo deve saber ser brilhante. O que é preciso para isso?

Só o desejo não basta; é necessário antes de tudo e depois, vigiar os pensamentos e revertê-los em correntes de luz para aquilo que desejam. Trabalhar em si mesmos até chegar a ponto de brilho e ficarem satisfeitos por conseguirem sozinhos tal façanha.

Sejam como Deus: brinquem, acendam e apaguem as suas luzes na hora em que quiserem. Façam jus a esta herança que cada um ganhou, seus jeitos especiais de vencer. Cada um ganhou uma roupa para usar até o último dia na Terra. Essa roupa é linda e perfeita; saibam usá-la com respeito e admiração e amá-la.

Cumprir suas etapas terrenas são os pagamentos de todas as dívidas. Pelos seus corpos já começam saber dos seus saldos.

Amem-se por tudo e amem os outros por tudo para serem o todo, com direitos iguais, mas, diferentes!"

Plantações

"Não é maravilhoso o ciclo natural da vida?
Sementes são plantadas, sementes nascidas, crescidas, a colheita, o trigo e o pão. Novas sementes, tudo natural.

Toda plantação requer cuidados, todo o tempo de crescimento também, a colheita da mesma forma, até o processo de industrialização. São vários os tipos de cuidados, e, se não os fizerem, não terão o produto perfeito nas suas mesas. Tudo vai depender de vocês.

Consciência tranqüila, mente livre, coração limpo.

Tudo o que plantarem bem ou mal, hão de colher.

Pensamentos são geradores da paz ou do conflito.

Articular planos é primordial para toda plantação, preparar o terreno para o tipo de semente, pois não podem plantar do mesmo jeito todas elas. Começa aí o investimento em espécie e na terra também.

Muitos investem em algo que desde o começo já não lhes parece verdadeiro, mas os pensamentos daninhos na esperança de mudanças, carência e até por pensarem em ajudar, acaba fazendo-os pagar caro o preço dos investimentos.

Todos entraram em uma espécie de redemoinho e se afunilaram nos acontecimentos necessários do aprendizado humano, e, agora, queixam-se das coisas que não deram certo.

O leite já derramou e na esperança de acertar ainda choram. Depois do leite derramado basta fazer a limpeza, daquilo que vazou nada sobra a não ser alguns pontos queimados e rolam com a água pelo ralo.

De suas plantações, sejam do que forem, não terá a colheita que estimaram se não agirem certo.

Determinação, persistência, calma, paz, sabedoria, bondade, amor em tudo, por isso, é difícil a caminhada. Da compreensão ao entendimento ainda leva tempo para acontecer.

Quando os caminhos parece que se cruzam e não conseguem ver o que é certo ou errado, precisarem a capacidade de parar um pouco e aguardar o momento certo de prosseguir.

Se todos já tivessem a consciência definitiva, que são filhos de Deus e merecedores das benesses do Pai, seriam diferentes, seus sentimentos não seriam mesquinhos a ponto de acharem que só para vocês a coisa não dá certo.

Aprendizado é aprendizado, quando vocês vão para a guerra se não lutarem serão os primeiros a morrer, se não aprenderam pelo a menos manejar as armas.

Precisam deixar de serem crianças e acreditarem mais em vocês mesmos, nas possibilidades que lhes são oferecidas e que não conseguem cuidar alimentando suas plantações irrigando na hora certa, porque se derem muita água podem afogá-las também. Existem sementes e plantas que devem ficar na água e outras que não, é só estudando que aprenderão a cultivar tudo, tudo o que quiserem.

Alguns se queixam por não terem tido a possibilidade de estudar e assim se escondem atrás disso, outros dizem terem sido influenciados na escolha de sua profissão ou negócio e assim vão se desculpando das próprias fraquezas.

Cada um deve, não aos outros mas a si mesmo, o melhor combate, e se esse combate deixou a desejar, prepare um novo, agora com a sabedoria que adquiriu nos outros.

Muitos pensam que lutar é por um tempo e que depois irão se aposentar e descansar. Podem até se aposentar, mas depois é que vem o bom combate.

Estão preparados para a grande batalha?

Estamos ensinando e preparando o terreno. Terreno mesmo, isto quer dizer o lugar e também a terra fértil que é a mente de vocês, que pensam, pensam e repensam como tudo será.

Em vez de adubarem agora só com pensamentos criativos e bondade, ficam criando monstros para combater, deixem os monstros de lado, eles não existem mais na realidade física e quando eles se tornam mentais são mais poderosos, porém, tudo depende de vocês não os criarem.

Ficam querendo encontrar porquês para tudo. Se não gostam de alguém é *karma*, se amam é alma gêmea. Sejam mais pés no chão e vamos trabalhar. Não voem muito alto por um lado e por outro cheguem até a lua, ao sol.

Vocês podem separar tudo desde que queiram realmente.

Amamos vocês, crianças queridas".

A natureza divina de cada um

"Nos diversos caminhos que todos os viventes percorrem em busca da unidade divina existe ainda para alguns a insatisfação e sempre existirá. Os egos muitas vezes não permitem a visão perfeita do ser, do existir.

A natureza de cada um é divina, mas procurar e conseguir encontrar o divino é um caminho necessário. Um caminho de amor, de aceitação e de paz.

Diante dos inconstantes pensamentos egóicos, às vezes nós perdemos seres que poderiam ajudar em muito na evolução planetária, mas devido aos muitos compromissos terrenos e a não-aceitação da disciplina se desapegam do verdadeiro eu e a luta interior entre as duas facções são tirânicas.

Achando que a injustiça se faz em nome da justiça, muitos não conseguem discernir a sua própria verdade dentro da realidade suprema.

Grandes lutas foram travadas no passado pela incompreensão do que na verdade foi transmitido para as mentes terrenas, através do ego foi peneirada a verdade das mensagens enviadas, agora, ainda, fica difícil simplesmente crer no ser humano.

Há milênios viemos ajudando, querendo colaborar no desenvolvimento da Terra, porém as dificuldades são muitas e alguns nem acreditam em si mesmos, como acreditarão em outras inteligências que nunca viram e nem apalparam? E, acreditar que outra pessoa de menos capacidade possa falar das coisas do Pai se nem padre é, nem estudou para isso?

Para nós, é necessária mente aberta, coração limpo e pensamentos controlados. Podemos passar ensinamentos a qualquer um de vocês, daqui ou de fora, desde que desenvolvam estas capacidades e, sobretudo, o mais puro amor.

Os agentes da fé vêm travando grandes batalhas para conseguirem edificar a bandeira da luz na história.

Nossos ensinamentos apontavam as mudanças que aconteceriam aqui no Templo, nem nossa discípula sabia quais eram, e agora o seu coração se aperta ao ver que alguns não compreendem o que está acontecendo. Pedimos que ela fizesse esta explicação a todos, pois merecem nosso apreço.

Não gostaríamos de perder nenhum, nem antigos nem novos, amados que aqui caminham, mas também não desejamos ser a pedra do caminho de ninguém, como dizem vocês.

Nossos agradecimentos a todos que nos ouviram, que nos ouvem e que vão continuar acreditando nesta missão de luz para o Brasil e para vocês mesmos.

A missão, já avisamos, não será fácil, mas impossível também não é, pois sabem muitas coisas, sendo agora o momento de mais preparo para os queridos. Sentimos e vemos transformações em todos.

A compreensão total ainda não pode ser dada, cada um anda de acordo com sua possibilidade.

As rosas continuarão a crescer no jardim deste Templo sempre haverá um botão que começa a crescer, um botão que começa a desabrochar, um botão em flor, uma corola completamente aberta, pétalas que caem e rosas que murcham, pois este é o ciclo da vida.

A decisão é de cada um, ver seu botão desabrochar e permanecer flor no jardim do Templo e das suas existências.

Obrigado, amados, por nos ouvirem e compreenderem os nossos ensinamentos, o nosso amor, porque o amor de cada um é a conquista diária, é a colheita depois de cada dia, poder ver o que plantou e o que colheu.

Façam este exercício agora, o que conseguiram plantar e o que conseguiram colher?

E, no tempo que estão aprendendo conosco, o que plantaram e o que estão colhendo? O que semearão e o que irão colher?

Analisem bem e tomem suas decisões, sabemos o que se passa dentro de um coração neste instante que bate junto com o nosso, deixamos agora que o coração de vocês bata conjuntamente e sintam o que ele lhes revela.

Qual o segredo que ainda está velado atrás de seus véus, que ainda ignoram a verdade infinita?

Este rio de paz que começou a nascer no Templo, nada impedirá sua correnteza de correr por todo o Brasil.

Cada um de vocês é uma nascente e o rio já cresceu e fortaleceu suas águas, sagradas águas, agora é só deixar fluir. Depois que souberem verdadeiramente o que é disciplina correrão livres por todos os canais de amor.

O amor, o nosso amor por todos está correndo livre agora por todas as suas mentes.

Amamos vocês, queridos discípulos da luz".

4ª dimensão

"Astúcia   Coragem
                    Verdade
Determinação   Ambivalência
                Caminho interior
Atravessar, cruzar, passar   Grandes desafios
                Caminho exterior
                    Suavidade
Persistência   Perseverança
                Vencer os desafios
            Passar pelas provas e testes
Boa vontade   Veracidade
            Não mentir   Não omitir

Falar sempre a verdade com suavidade para que os outros possam separar também as suas verdades.

Aceitar as verdades dos outros como parte do todo.

Aceitar grandes e pequenos desafios não como sofrimento, mas como crescimento.

Assim é a caminhada dos grandes seres que vêm aqui para sua evolução e para evoluir a humanidade.

Suavidade, nesta palavra se resume todos os sentimentos que estamos agora ensinando vocês a sentirem neste plano de amor que foi elaborado pelo Grande Conselho para suavizar as misérias humanas.

Não pensem que nós não temos consciência do que é na Terra. Esse plano vem sendo preparado a eons, mas, a Terra é um planeta em evolução.

Devemos cuidar de tudo, detalhadamente, agora que chegou a hora de passar as consciências à quarta dimensão.

Anteriormente, os espíritos que não conseguiam passar pelos testes e provas se revoltavam e maltratavam os seus semelhantes e começaram a nova roda encarnatória em outro planeta, mas, ainda vocês, que já caminham a passos largos para a luz, sofrerão as conseqüências e mais do que aqueles profanos terrenos que não aceitaram o plano de amor.

Falamos vocês, porque suas consciências não mais estão no nível primário, já estão na universidade e, o que é melhor, aprendendo e assim crescendo.

Quanto mais discernirem os seus conhecimentos e sentimentos se conhecendo e vivendo cada momento difícil, sabendo que isto também passará, tanto melhor. Serão os primeiros a ajudarem os outros que ainda virão caminhar lado a lado partilhando da mesma fé, paz e amor.

Comumente estamos nos meios familiares para realizar o trabalho de enviar os especiais para os meios a eles afins (grupos) e alguns ainda evidentemente se perdem na caminhada por orgulho e vaidade terrena, porém, também têm a possibilidade de voltar e caminhar em paz.

Verão muito destas situações até dentro dos seus próprios meios, observarão. No que puderem ajudar, ajudem, pois muitos destes são colocados em suas vidas justamente para isto, mas se entenderem que não conseguem, desistam galhardamente sem pensarem que são incompetentes.

Alguns deles necessitam de várias mãos para os ajudar, lembrem-se que o trabalho de vocês é de equipe. Existem ainda os que estão com medo de se envolver nos meios familiares e, quando algo assim acontecer, digam que podem ajudar desde que o necessitado queira ajuda e aceitem as verdades do mundo.

Lembrem da astúcia e da coragem, da determinação e ambivalência para abrir os caminhos interiores de cada um de vocês. Atravessando, cruzando, passando por tudo, por grandes desafios para chegar ao caminho exterior com suavidade, aceitando, persistindo e sendo perseverante nesta grande cruzada de amor.

Vencendo tudo, sendo vencedores em qualquer situação mesmo naquele momento em que o desânimo e o cansaço corroem e que os valores ensinados caem por terra e se sentem enganados, onde o amor próprio fala mais alto.

Se passarem por tudo isto em paz, descobrirão um mundo melhor e viverão a quarta dimensão antes dela acontecer na Terra, e, assim, aqueles que vivem perto de vocês começarão a ver como mucaram e principiarão a imitá-los, porque sentirão paz, mesmo que seja externa, até que atinjam também a paz interior melhorando o seu mundo e contribuindo para curar o mundo".

A voz do Uni - verso

"Dirijam a atenção para dentro de vocês.

Sintam que vão centralizando a energia no chacra básico, pensem, deixem fluir, energizem essa área com muito amor.

Pensem agora no plexo esplênico, centralizem, canalizem neste ponto, sintam pulsar, energizem essa área com muito amor.

Canalizem a energia no plexo solar, deixem que nesta área fique tudo amarelo e pulsando.

Visualizem o cardíaco, o principal centro mantenedor de energia em suas auras, campos magnéticos.

Mentalizem também o laríngeo, fonte de poder da fala, mentalmente energizem seus pescoço com muito amor.

Agora, o frontal, fonte do ver, do discernimento, energizem com muito amor.

O coronário, fonte da força divina da fé.

Energia cósmica entrando e pulsando no topo da cabeça.

Sintam que impregnam seus corpos de sabedoria, de cura de luz cósmica, permaneçam assim por 3 minutos.

Tentem não pensar em outros neste momento que é de luz para vocês, saibam separar energias.

Raios de luzes são lançados de todas as direções formando uma peneira colorida e através dos buraquinhos dessa peneira todas as negatividades irão embora, e tudo se transformará em flores, para não macularmos as energias do mundo.

E, é agora, que pedimos, assim concentrados no amor, que a grande legião de anjos e seres que auxiliam a evolução na Terra transmutem as negatividades que já podem ser mudadas em coisas boas.

Especial atenção para o amado Brasil, forças de luzes coloridas dos quatro cantos formam uma peneira verde, amarela, azul e branca, e, no centro da peneira luz cor-de-rosa. Isso para que toda a negatividade se converta em amor, e o Anjo Apmon transforme tudo em luz.

Agora, livres de tensões, com a mente voltada para seus interiores, realizando o **realizado espírito de amor** podem se mexer, abrir os olhos sentindo muita paz, ouvindo estas palavras:

Uma voz ecoa perdida no tempo:
'Benditos os puros e humildes de coração'.

'Vinde a mim as criancinhas porque delas é o reino dos céus'.
Uma voz ecoa perdida no tempo, e clama, ensina, chama: Benditos fi-
lhos da luz:
'Não julgueis para não serem julgados'.
Amem e serão amados.
Não perguntem se te amam
Antes amem, não importa se serão amados,
Pois se amarem serão felizes.
Uma voz ecoa perdida no tempo:
'Amai-vos uns aos outros assim como eu vos amei'.
Sinos tocam, anjos cantam
Em sinal do amor maior
Da compreensão de seres, todos irmãos.
Uma voz ecoa perdida no tempo:
'Olhai os lírios nos campos, eles não tecem nem fiam; mas nem Salomão
em toda sua glória se vestiu como um deles'.
'Olhai as aves no céu, elas não semeiam e não colhem, mas o Pai lhes
provê tudo o que necessitam'.
Uma voz ecoa perdida no tempo:
'O Senhor é o meu Pastor e nada me faltará.
Em lugar de pastos verdes ali me colocou
Conduziu-me junto à água, à refeição
Converteu minha alma, levou-me pelas veredas
da justiça, por amor ao meu nome'.
Uma voz ecoa perdida no tempo:
'O Senhor é a terra e tudo o que a enche
a redondeza da Terra e todos os seus habitantes
Porque Ele fundou os mares e a estabeleceu sobre os rios
Quem subirá ao monte do Senhor?'
Uma voz ecoa perdida no tempo:
Talvez passado, talvez futuro
'Enquanto dois ou mais estiverem reunidos em meu nome
ali eu estarei'.
Então, agora é o presente e esta voz está
Dentro de mim, dentro de ti, em nossos corações
A voz pode ter perdido o seu eco
Mas as palavras ficaram para sempre
Porque sempre haverá um gritando em meu nome
'Glória a Deus nas alturas e paz na Terra aos de boa vontade'.

A voz

Não deve ficar perdida no tempo, deve eclodir nos seus ouvidos e corações.

Fortalecer na fé, esperança e caridade do tranqüilizar, transmutar, do perscrutar o mais fundo do seu ser, e limpar, para canalizar as claridades do mundo Maior.

Doce engano dos espíritos enfraquecidos na fé.

Famintos de caridade, porque recebem e não reconhecem a que recebem.

Não querem dar, porque acham que necessitam mais do que podem.

E, não conseguem saborear deste alimento divino que é força da fé, da esperança e caridade.

Doar um abraço, um sorriso, um aperto de mão, um palavra amiga, isto é a fé que os outros precisam, a esperança, a caridade.

Você que é a fortaleza não se recuse a ajudar. Não se enganem pensando que precisam mais.

Quando procuram um caminho, uma sabedoria e encontram uma mão, um sorriso, uma força, restabelecem a fé, a esperança e a caridade.

Acenderam o candeeiro no alto e a luz clareou o seu Templo. Ajudem a acender muitos mais candeeiros, usem os ensinamentos do Avatar divino, a força do amor e deixem o rastro da fé, da esperança e da caridade.

Se, por algum motivo, ficarem tristes, deprimidos e cambalearem no peso de seus caminhos e também precisarem de ajuda, recorram, sentem-se no colo do Pai e recebam o abraço fraterno da Grande Luz que ilumina sem cessar de dia e de noite. As trevas que visualizam na desesperanças naturais do caminho, no peso dos testes e provas na Universidade escolhida para freqüentar irão desaparecer.

Alguns não sonham ir para outros países estudar?

Todos sonharam vir para a Terra na melhor Universidade do Pai. Estão nela, aprendam, colaborem uns com os outros, mas não passem 'colas' nas horas das provas dos outros, só sejam amigos, essa é a maior colaboração.

Dêem o ombro, o abraço, o beijo de irmão, sejam serenos.

O peso da prova também foi escolhido por vocês.

As grandes bagagens que trouxeram à vida abrirão devagar, mala por mala, uma de cada vez. Nessa viagem à Terra partem de mãos vazias, coração limpo e mente tranqüila. Ao passar os anos terrenos, os instrutores os vão preenchendo, uns querendo, outros se rebelando contra o mundo, o mundo de cada um.

Inconstantes filhos de Deus, na Universidade do Pai, uns estudam para passar e outros apenas vivem.

Uns, luzes de amor, outros luzes de dor.

Uns, luzes iguais sóis, outros luzes das trevas. Esses são os extremos e, outros, escolhem o caminho do meio, nem trevas, nem luz, apenas caminham. Também um extremo.

Todos deverão aprender tudo, tudo, mas só alguns são guerreiros, heróis desta guerra, e, lutam com a coragem dos fortes, dos audazes, dos valentes. Mas, não pensem que os heróis ganham sempre, também derramam lágrimas, também perguntam: por quê?

Mais uma vez dizemos: parabéns heróis, guerreiros da luz, do Pai, que choram, que riem, que contam histórias, que amam, que ainda têm apegos, e desejos, que às vezes não se perdoam por certas coisas que fazem, que ficam orgulhosos do que fizeram ou conquistaram.

Parabéns, esta Universidade é assim:

Uni – versos – unindo os versos.

Versando o uni, único caminho.

Com muitos caminhos.

Versem, esses caminhos unindo todos no Um,

No todo o nada,

O nada no tudo".

Mares, campos e cidades de Deus

"Mentes abertas e livres em Deus.

Cidades empilhadas, engalfinhadas, enrodilhadas, esmagadas, escravizadas e a procura de Deus.

A luz divina é como um belo colar de pedras verdadeiras que uma mulher traz em seu pescoço, todos o vêem e acham maravilhoso, mas uns acham que as pedras são falsas, nem todos reconhecem o que é verdadeiro e o que é falso.

Há todos os tipos de considerações, uns olham o colar, mas também a mulher que o ostenta, outros vidram no colar e outros ainda olham o conjunto todo. Citei essas considerações, porém poderia citar muitas mais, todavia deixo para vocês exercitarem os seus pensamentos.

Esta luz o profano jamais vai saber visualizar, porque não compreende a luz divina, vai ver o passado, os atos, o jeito, os gestos e palavras terrenas e não verá o que é luz divina.

Agora, imaginem uma cidade, casas e casas, prédios e prédios, gente vivendo em cima de gente; como fica o mental de vocês? Não sentem diferente só no ato de pensar?

Ou vocês tornam-se expertos ou vão viver como papagaios pensando e falando tudo o que acham legal, com os pensamentos como se fossem grandes cidades, empilhadas, enrodilhadas, engalfinhadas de conhecimentos sem poder deixar a mente livre como campos para poderem discernir.

A luz divina é amplidão, é capacidade de viver empilhado e não ser atingido por este falso viver.

Não precisam sair dos seus trabalhos, dos seus afazeres, muito pelo contrário, quanto mais estiverem na corrida, melhor é para os momentos de meditação, porque mesmo dentro do murmurinho encontrarão sossego, paz, alívio para suas tensões.

Meditação. Acalmem suas mentes, por isso, vocês vêm aqui, para aliviar o estresse e aprender a conhecer a luz divina, mesmo no meio da multidão.

Há momentos que nem sabem mais o que sentem, pois seus pensamentos não param para nada, nem na hora das refeições que deviam parar tudo, sentar à mesa, tranqüilos, falar coisas serenas, não conseguem evitar as discussões. Respeitar esse momento seria um grande passo no crescimento de cada um.

Ensinem em casa aos demais que este deve ser um momento de paz, para que o alimento sacie a fome e a necessidade do organismo com as vitaminas que ele precisa.

Muitos, ainda, preferem tomar remédios, achando mais fácil jogar 'bolinhas' para o corpo poder suprir suas necessidades.

Aliviem seus pensamentos pelo menos nestas horas pensando nos campos ou mares, então sentem e reflitam no amor um pouco antes das refeições. Por isso, seus antepassados falavam das orações nesta hora, porque na oração, falam ao Pai agradecendo o alimento e assim aliviam as tensões. Porém, quem não têm esse hábito deve usar o campo aberto ampliando a mente, deixando-a livre, sem pressões.

Não duvidem desse método simples, poderão discernir as pedras verdadeiras do belo colar e conhecer a luz divina, ou, procurem ver a luz de quem ostenta o colar, procurem compreender, entender que cada um é um, indivisível, ímpar e a luz brilha de acordo com os pensamentos, e, principalmente com os méritos já adquiridos que talvez nem sejam do passado desta vida.

Portanto, para vocês amados, o não julgar é o primeiro ponto de honra, depois, amar e amar, na seqüência, a disciplina. Agora é hora dessa virtude fazer parte de suas vidas. Compreender o que é disciplina não é prisão em liberdade como muitos pensam.

Corpo são em mente sã.

Disciplina é a arte e a arte é inata do ser ou se estuda. Existem os disciplinados por natureza, educados desde o berço que trouxeram consigo bagagens muito importantes das disciplinas rígidas do passado. Outros sempre foram indisciplinados, revoltados. Podem imaginar aqueles que são instruídos pela primeira vez, como eles são?

O Conselho de ajuda nas idas e vindas das vidas está agora selecionando as próximas encarnações. É um momento em que muitos já sabem o bastante para se amarem e se vigiarem para as programações das próximas vidas na Terra ou em outras dimensões.

O trabalho está grandioso. Os que já sabem é melhor que conservem o saber e não parem de aprender para que a evolução continue.

Comprovarão dentro da disciplina a arte do bem viver com tudo aquilo que já trabalharam nos grupos.

Conceitos antigos vão sendo derrubados pelas próprias vivências dos corajosos e amados que amam. Quando se aceitam nos chamados defeitos de cada um consolidam os sentimentos e transformam em amor incondicional.

Todos vocês sabem das dificuldades de derrubar as barreiras da ignorância. Quando conseguem transformar o amor apego em amor incondicional a procura cessa.

As mentes deverão se expandir mais e mais, libertando-se das angústias e medos.

Ao abrirem estas portas para que os pensamentos tornem-se sossegados das cobranças do que fizeram ou deixaram de fazer, o olhar se tornará ameno, o sorriso será leve, a expressão dos seus rostos será de paz, o peso das pernas aliviará, os passos serão firmes. O cansaço cederá e ficarão em paz.

Os problemas?

Ah, esses vão existir sempre, por isso aprenderam dentro da aritmética a conhecer a matemática e resolvê-los.

A luz divina se faz, se acende com a bondade, coragem, persistência, humildade, amor, paz e todos os atributos de força que cada um tem.

Muita luz a todos, lembrando sempre que aos poucos vão esvaziando a mente das coisas banais e preenchendo com o que cada um precisa.

Muita paz, companheirismo e amor".

A espessura da moeda

"Os que vêm, vêem, ficam e vencem.

Os que vêm, vêem e vão.

Os que vêm, vêem, vão e voltam.

Quando os véus começam a rasgar, o mental começa a perceber e a busca é uma constante. Tal abertura se dá em um momento difícil ou em momentos de extrema felicidade e, quando acontece, as pessoas não sabem o porquê, e, depois disso, vem a procura, a busca.

Como cada um é uma personalidade diferente, para uns é mais fácil para outros mais difícil, tudo depende da persistência da pessoa.

O aprendizado dentro das religiões é muito bom para uns, porque o caminho deles é justamente por ali. Conseguem compreender desta maneira simplificada, porque o mental assimila assim com uma variada dinâmica exemplificada. Em outros casos, os próprios indivíduos já são mais evoluídos e realizam dentro de si as próprias dinâmicas, conhecendo sem saber de onde, métodos diferentes de abordagem na física.

Venho explicar isso porque muitos de vocês estão com seres em completa evolução dentro de seus lares e as dificuldades no jovem é igual para todos. Com os conhecimentos passados nas escolas e por vocês mesmos, as aberturas, ou melhor, os véus vão rasgando mais cedo e a dinâmica do cérebro vai captando as mais variadas oncas, vão relacionando aos acontecimentos terrenos e se sentem ameaçados em seus caminhos sem saber que tudo é normal e válido neste conhecimento.

Falei disto aqui em outras ocasiões, sobre as variadas formas de entrar neste caminho levando o jovem ao desespero diante do inusitado daquilo que não sabe manipular, mensurar como fizeram com tudo desde que começaram no atual plano de evolução.

O tempo é o melhor remédio, não sofram com a abertura que está se dando cada vez mais cedo em seus amados filhos.

Paz e muita sabedoria para os conduzir no caminho, para não os deixar muito apegados a este mundo à parte em que vivem. Eles ainda deverão viver tudo o que a Terra oferece, assim como todos aqui também, sirvam a missão com sabedoria que nada atrapalhará seus passos, pois o caminho é belo e nada pode transferir da vida aquilo que escolherem para evoluir. Ao fazerem a escolha o universo contribuirá fartamente para esta plantação e a grande colheita na hora certa.

Os desvios são causados por suas imaginações (pensamentos profanos) que ainda não compreendem o verdadeiro sentido do real amor.

Nas paragens desta vida e de outras, fizeram percursos indefinidos, sem a devida instrução e a imaginação atravessou os legítimos ensinamentos. Agora, faz-se tempo de limpar a ilusão em que viveram.

E, somente rasgando os véus da ignorância, e com a 'sabedoria' que lhes foi ensinada é que limparão suas mentes.

A maior parte das grandes árvores não foram plantadas por mãos humanas, já pensaram nisto?

Nasceram umas ao lado das outras, umas cresceram mais, outras menos. Os estudiosos desta ciência dirão que é uma questão de umidade do solo, de fertilidade, eu digo que tudo é assim mesmo, porque deve ser, tudo está escrito.

Pensem na possibilidade de seus filhos serem diferentes, não deixem de ajudar, mas deixem que eles cresçam como as árvores crescem. Uns troncos são retos e apontam para o céu, outros crescem tortos, e não deixaram de ser árvores por isso.

Quanto foi difícil para vocês estarem no caminho, quanto tempo levou para compreenderem a caminhada, então, queridos, todos vão passar por coisas e coisas, caminhos e caminhos, até encontrarem o verdadeiro **eu**, até a compreensão maior.

Os diversos sentimentos e um mar de conhecimentos invadem os mentais, e, muitos não se sentem capacitados para enfrentar este mundo de idéias e ações desconhecendo que todos podem tudo, desde que sejam absolutamente conscientes dos seus atos, compreendendo a lei de Deus e a lei dos homens, sabendo o certo e agindo desse modo.

Os dois lados da moeda mostram claramente: o bem e o mal, o certo e o errado, a luz e as trevas. Já a espessura da moeda é para os poucos que conseguem trilhar todos os caminhos do mundo e permanecerem verdadeiros, aos que saem purificados de todos os sofrimentos e sentimentos. Se analisarem tudo e passarem com sabedoria, vocês também farão parte da espessura da moeda.

O metal antes de ser moeda é passado por maquinários e vai se achatando para ficar em lâminas da espessura desejada. Tudo o que aprendem faz delinear mundos maiores dentro do aprendizado.

Vida melhor, condições de entendimentos prazerosos diante disto que antes era desconhecido.

O prazer da busca é justamente o encontrar, mas não se detenham nisto, porque encontrarão muito mais, não pensem que quando algo de inusitado acontece para ali e isto é tudo, não, isso é só o começo, o verdadeiro aprendizado está por vir, estes são só os ensaios da grande orquestra que estamos ensinando com amor.

Se, agora já se detêm em pensamentos achando maravilhoso, pensem no que será depois de saberem e serem a espessura do metal, o brilhante, a pedra que já foi lapidada e polida...

Depois o poder será admirável, porque não se deterão nele, vocês serão o poder sem precisar brigar por um cargo melhor dentro da empresa, por um cliente que prefere outro fornecedor, por um consulente que procura outro profissional.

O poder é dos verdadeiramente grandes que sabem serem pequenos e infinitamente sabedores das leis divinas.

Alguns já estão experimentando as sensações aqui e lá fora, outros ainda estão aparando algumas arestas do orgulho e vaidade e assim por diante.

Sabedores do conhecimento já procuram se adiantar nos estudos da sua disciplina para que o caminho comece a se alargar, e, ainda, tem alguns que pensam na melhor forma de abrir toda a sua capacidade para conquistar os prazeres terrenos do dinheiro e da fama.

A fama com certeza virá e não deve subir à cabeça, também faz parte do mundo.

Falamos: todos os sentimentos são vivenciados por cada um do jeito que se é.

Salve, salve companheiros, nesta eu me alonguei, mas todos merecem o nosso amor, e o ponto de interrogação ainda está na cabeça e permanecerá; não se afobem por querer eliminá-los. Na hora certa ele irá desaparecer, sem deixar dúvidas, nada esvaziará completamente a mente e os porquês. Estarão sujeitos a conhecerem novas paragens e muito poucos permanecerão por aqui para ajudar, somente os mais audazes e corajosos enfrentarão o que vem depois neste plano da Terra.

Muita paz a todos, sejam abençoados em nome do Pai".

Companheirismo, verdade, amor

"Grandes companheiros desta jornada de verdade e amor, unam-se sempre na luta que está cada vez mais verdadeira.

Corações sensíveis buscando crescer, imbuídos pela vontade de lutar por uma causa maior. O sentimento é gratificante no desejo da melhora de cada um. O que atrapalha a caminhada é a boca que diz o que quer e ouve o que não quer.

Os pensamentos ainda vêm com força, fazendo baixar o nível vibratório de amor e é maravilhoso estar e ficar o tempo necessário nesse trabalho de amor incondicional.

As mentes humanas ainda vibram fortemente como terrenas e o policiamento se distancia, então vem o desespero e a cobrança, porque não conseguem se manter em paz e na vibração divina.

Companheiros, a luta é grande, a missão maior ainda, mas nada que não se possa conciliar.

Abandonem as causas sem efeitos, por que sofrerem quando sabem das dificuldades dos outros para mudarem?

Coloquem um 'sem efeito' entre parêntesis e continuem a caminhar.

Nas lutas de amor nem lutar é preciso, basta aceitar. Comungar com Deus e deixar os demais viverem em paz.

Gostaríamos de não ter que bater tanto nesta tecla, porém é tão necessária quanto a água que bebem e alimento que ingerem para seus físicos.

Mais uma vez o alimento são as palavras que vocês ouvem para que seus espíritos compreendam como é preciso alimentá-lo com pensamentos bons e boas ações e atitudes de seres altruístas e pacificadores no difícil tempo em que estão na Terra.

O grande funil ainda converge e todos estão passando por ele, não é privilégio apenas de alguns.

Maturidade, confiança em si mesmo para arrancarem o lacre do passado que hoje ainda perturba os seus pensamentos condicionados nas antigas lições, as cobranças impostas por conhecidos, pais e alguns que ainda se valorizam merecedores de julgar e cobrar dos seus amados os pagamentos que só cada um sabe quando pagar.

Dizemos isso porque no inconsciente há um disquete que tem tudo registrado, vidas, contas a pagar, tudo o que podem imaginar está arquivado e isso só pode se acessado quando o ser está preparado para os saldos das dívidas. Neste tipo de contrato não existe o burlar a lei, pois é pura e verdadeira para todos.

Os representantes desta lei são puros e divinos, portanto, nunca pensem que enganam, pois acabarão se enganando e sofrendo as conseqüências das suas atitudes.

Muitos já pagaram caro por pensarem errado. Não pensem que são os únicos a sofrer, olhem sempre para os lados e verão um pouco mais adiante as condições difíceis existentes. Nenhum de vocês é coitadinho, seus ouros já passaram por vários cadinhos de purificação e não são mais ignorantes.

Não pensem errado, sejam pequenos, grandes seres humanos trabalhando nesta seara.

Logo estarão envolvidos e respeitados como seres individuais, magnânimos nesta luta sem igual.

As lutas diárias são as recompensas para abrirmos as portas espirituais, tudo depende de como vocês vivem essas lutas. Com sabedoria, tudo o que passamos são luzes de recompensas, basta ver o outro lado da moeda, e aceitarem a moeda como recompensa.

Nosso amor ímpar para todos os ímpares, filhos da luz".

Conselhos para o Paraíso

"Os seres humanos são estrelas bordadas no firmamento divino. Muita paz e verdade nos seus corações e pensamentos, luzes da constelação do Pai amor.

Vocês que são luzes maiores ajam como tal.

Por que envenenam os pensamentos com perguntas, com questionamentos que tanto já respondemos e ensinamos?

Procurem fazer jus ao título que concedemos, Filhos da Luz, se o são é natural que sejam luzes. Mas, ser luz é ser simples como as pombas, como as borboletas, como o sol. O sol não se importa quando reclamam que está muito quente, quando usam óculos, porque a claridade incomoda.

Por que a agonia de saber o porquê?

As respostas só chegarão quando estiverem prontos.

Sejam luzes, permaneçam acesos, não deixem a luz se apagar, os momentos são ensinamentos, aprendam a aceitar estes aprendizados em paz. Saibam se apreciar, não se depreciem.

Saibam aprovar os momentos que parece nada acontecer e que na verdade acontece tudo. Por isso, é caminhada, andar na luz é tão difícil quanto andar nas trevas, são os dois lados da moeda e devem ser vivenciados e apreciados, seja na tristeza ou na alegria, na saúde ou na doença, na pobreza ou na riqueza. Essas são as máximas do casamento divino.

Esse é o casamento com o Pai, com a vida, consigo mesmo.

Vocês sabem filhos por que hoje são tantas as sociedades terrenas desfeitas? Os casamentos falindo por existirem há muito tempo e muitos nem tanto tempo assim?

Porque não se constrói tijolinho por tijolinho, levantam uma parede inteira em poucas horas, e, nessa parede colocam todas as esperanças, esquecendo da base e do cimento para ficar firme, ainda deixando faltar o ferro que fortalece ainda mais a estrutura.

O ferro seria antes de tudo, o casamento consigo mesmo, conhecerem-se tanto como se amarem profundamente até que a morte os separe.

A morte que separa o espírito do corpo para esse ficar livre para voar. Quantos ainda permanecem grudados na Terra porque não souberam amar, amar-se sobretudo?

Não se deve viver porque se tem e sim porque se é, homens e mulheres de fé.

Quando se fala em fé muitos já pensam que precisam ficar dentro das igrejas rezando. A fé como a pequenina semente de mostarda, primeiramente.

'Eu tenho fé em mim, eu posso'. Não é assim quando uma criança descobre que pode subir em cadeiras e mesas?

O pai diz 'não suba que você cai', mas a criança acha que não, é aí que começa a confiança e a fé em si mesmos.

Deixem seus filhos terem confiança e fé neles mesmos, é assim que se cresce desenvolvendo as capacidades de viver e morrer bem, sem lutas desnecessárias, esforçando-se para amar cada vez mais e vivendo intensamente o momento que é tão especial.

Construam este castelo em rocha firme, só assim poderão amar os outros e deixarem os outros os amarem, como são.

Aceitar dividir para poder somar e multiplicar sempre. Deste modo, não existirá muralha que os impeça de tomar decisões importantes em suas vidas por medo de errar.

O erro e o acerto são filhos do amor.

Então, errem e acertem sem medo de acertar. Confiem em si mesmos e nos seus amados até que não se possa mais, aí sim tomem a decisão, mas não tenham mais medo. Ter medo é ignorância.

Sejam capazes de ir e voltar em grandes ou pequenas viagens para se libertarem de vocês mesmos, dos egos que pensam em definições sem se definirem.

A paz com amor e aceitação para todas as fases do viver.

Em todas as etapas da vida chegam até vocês conhecimentos de todos os níveis, informações boas e más, notícias alvissareiras e notícias maldosas de mentes brilhantes e de dementes que gostam de comentar somente os fatos ruins da vida. Fujam das notícias más enquanto elas ainda têm poder sobre vocês, não poluam sem razão os sentimentos. Depois de saberem transformar as energias não importará o que seus ouvidos ouçam, pois reciclarão tudo sozinhos, porém, enquanto isto não acontece tentem pelo menos se manterem afastados desta mídia.

Para atrapalhar existem muitos, para os fazer crescer, poucos.

Tentem realizar a vitória sobre vocês mesmos, para isto vieram a Terra, melhorar, melhorar, brilhar, entrar na unidade divina, ser luz e estar na luz definitivamente.

Depois de definidos em paz serão pura e simplesmente grandes, confiantes estabelecendo contato com seus Mestres.

Enquanto permanecerem nas perguntas, nos porquês, viverão ansiosos, angustiados e não estamos ensinando para os preocupar, estamos acendendo aos poucos as luzes do corredor que permanecia escuro.

Agora, aos poucos estão abrindo as cortinas, depois as janelas até deixar completamente iluminado. Um interruptor por vez para acender as luzes.

Se quiséssemos que o corredor fosse aceso todo de uma vez, teríamos que colocar uma pessoa em cada interruptor ou janela, marcar horário, acertar o relógio e todos ao mesmo tempo, abririam as cortinas e janelas, e, mesmo assim, daria alguma diferença, pois uns são mais lentos, outros mais rápidos.

Serenidade, vão abrindo devagar que logo o corredor estará aceso dando passagem para o mundo da paz, o paraíso tão almejado, mas totalmente desconhecido das grandes massas.

Pensar em paraíso é pensar em Deus, nos Anjos e Santos, mas esse paraíso que queremos que vivam é na Terra mesmo, com a fé, a paz, o amor seguindo como é, sendo feliz.

Fazer desta mesma casa que habitam um paraíso, tudo igual, e completamente diferente.

Pensem nos grandes seres que viveram na Terra, encontraram grandes contradições, foi assim que vivenciaram o paraíso aqui para poderem ascensionar.

Muitas histórias que não conhecem, outras conhecidas, mas o que cada um viveu ao iluminar seu corredor, é única para o vivente".

Criação do Incriado Ser

"Tudo o que foi é e será.

Criação do Universo Sagrado Universal dentro do universo sagrado de cada ser, o propósito divino celestial à divindade de todos em um, e, um em todos. Propósito esse de elevar a consciência para a luz, reconhecendo dentro desta luz a supremacia da superioridade da essência divina de todos os filhos do Pai Amor.

Diante das controvérsias da dinâmica mental de cada filho, o Incriado, que desenvolveu todo este complexo chamado ser humano, providenciou qualidades absolutas e relativas.

O cérebro foi desenvolvendo capacidades especiais, alguns com a mente avançada diante do próprio tempo do mundo atemporal dando mostras das habilidades que lhes foram conferidas.

'No mundo do Meu Pai existem muitas moradas'.

Como compreendem isso que Jesus falou?

Por mais que estudem estas mentes brilhantes jamais saberão ao certo quanto tempo tem a Terra, ou qualquer outro planeta existente na galáxia.

Mistérios do Universo!

Se tudo o ser humano pudesse resolver, os caminhos do mundo seriam paralelos, buracos tridimensionais dariam passagens para o passado, futuro e outros níveis, isto seria comum, no entanto, poucos conseguem saber da existência de tudo sem que provoquem dúvidas, espanto e a síndrome de São Tomé 'do quero ver para crer'.

Depois de milhares de anos e o aperfeiçoamento da magnífica criação, ainda não se chegou à perfeição e, se o fizer, será para alguns preparados para outras paragens.

Atingindo a perfeição na Terra eleva-se a outros mundos de acordo com a evolução.

Os pensamentos são a fonte direta de elevação. Deve-se praticar atos bons, mesmo que os pensamentos ainda sejam incapacitados para atingir o âmago divino.

Paz diante de tudo o que acontece, controlando o estado de espírito.

Disciplina na meditação e no caminho que escolheram para evolução seja ele qual for no momento, e, mais uma vez, disciplina, disciplina e disciplina.

Não temam, se alguns conseguem é porque todos podem conseguir.

Não percam suas vidas por temerem se está certo ou errado, é um risco que se deve correr.

Seguir, aprender, evoluir essa é a meta de cada um.

Ninguém saiu da luz para se perder, e sim, para desenvolver tudo o que uma mente humana pode desenvolver para depois subir no *podium* da verdadeira chegada na Luz Suprema.

Aceitação, plenitude".

Marcas na porta

"Não deixem amarras em suas vidas.

Não fiquem amargos, amarrados aos fardos da vida. Não deixem as marcas nas suas portas das coisas ruins que acontecem. Marquem sim as coisas boas que viveram para poderem se libertar mais rapidamente.

Certa vez, quando andava nas paragens terrenas, cheguei a casa de um amigo, quando entrei não percebi quantas marcar existiam gravadas em sua porta. No vai e vem do que poderia ser uma agradável conversa, lamentações e palavras desconexas em um poço de pessimismo e falta de vontade de continuar a viver.

Ele levantou, foi até a porta e disse: 'Está vendo estas marcas? Cada uma delas é algo errado que aconteceu em minha vida, decidi colocá-las aqui para não esquecer o que Deus, este Pai que todos dizem, deixou que acontecesse com um dos seus filhos'.

Olhei para a porta e vi que estava de cima até embaixo marcada, algumas marcas maiores, outras menores, para não deixar ninguém da casa esquecer os momentos ruins.

Aquela visita que seria de pouco tempo, só para dar um abraço no meu amigo e familiares, estendeu-se noite adentro.

Pedi a ele que pegasse uma lixa e fosse lixando uma a uma as marcas e que de agora em diante pintasse a porta de branco e esquecesse aquele passado tão presente relembrado sempre pelas marcas gravadas.

Tempos depois resolvi novamente passar na casa do meu amigo, já pensando e preparado para ficar o tempo que fosse necessário.

Tive uma surpresa, todas as portas da casa estavam pintadas de branco e a conversa era outra, sorrisos e abraços fraternos de todos os familiares contando o milagre acontecido depois do trabalho de lixar a porta, tirando assim as marcas do passado.

Filhos meus, nenhum de vocês é insano a ponto de gravar na porta, mas dentro da mente ainda existe muito passado que não foi colocado a limpo, e, essa porta é muito mais importante, não é uma simples lixa e o esforço físico que limpará.

Busquem compreender a paz, para na paz limparem o resto das mágoas retidas no íntimo. Muitas delas encontram-se tão escondidas que até vocês mesmos acreditam que já se livraram, mas o que fizeram foi escondê-las para não os perturbar.

Encarem agora ou no momento que a lembrança vier em suas mentes e lixem para limpar. Essa lixa é mental, mas é poderosa e cada vez que vem o pensamento usem-na, e verão uma maravilhosa graça nesta limpeza.

Não marquem os momentos maus, marquem os momentos bons, carreguem suas bandejas de prata com os frutos de ouro.

Anotem, dissertem como aconteceu, deixem marcado no caderno dos acontecimentos, diários. Criem bons hábitos para fazerem um verdadeiro lar nesta vida.

Lampejos de luz já aconteceram, imaginem quando conseguirem debelar este fogo que queima e arde de dor...

Fogo queima com fogo, *karma* se queima com chamas.

Fogo se faz com atrito.

Entendam o porquê da lixa mental para limpar.

Luz sobre o fogo.

Fogo de dor se apaga com luz de amor.

Defendam-se, lutem, desamarrem-se de vocês mesmos. Sejam livres.

Tirem, limpem as marcas. Não é fácil, mas conseguirão aos poucos, devagar limparão tudo e as que virão ainda, saberão melhor como não deixar que cresçam como fizeram com as antigas.

Aumentando as suas luzes certamente o fogo da dor não se propagará.

Nós os ajudamos, ajudem-nos a libertá-los.

Amamos a todos".

Os servos do Senhor

"A videira está plantada, crescida e dando frutos, e, os servos do Senhor sabem onde colher suas uvas e fazer delas o bom vinho para sua alegria.

Se as uvas são boas, o bom vinho se fará, tudo vai depender de como estão cultivando as suas videiras.

Minha discípula plantou e agora está colhendo boas uvas, mas não depende a plantação dela, das suas, ela planta, colhe, planta novamente e incansável vai continuar podando os galhos que não fornecem mais frutos, os demais vai cultivando para que continuem a dar sempre melhores grãos, cachos de uvas saborosas para a alegria do Senhor.

Se não souberem plantar, não saberão colher. Se não meditarem, não saberão discernir para colher.

Deverão escolher o tempo certo e saber esperar a hora certa. Se deixarem passar do tempo as uvas cairão dos seus cachos e os bichos a comerão. Mas, se colherem antes da hora as uvas serão azedas e amargarão os seus dias.

Pensamentos calmos para poderem navegar nas águas de suas mentes.

Meditem, e se entreguem na paz do Senhor.

Tempo de plantar é tempo de plantar. E, o de colher é o de colher.

Muito tempo para alguns por serem apressados.

Tempo suficiente para todos, não criem fantasmas, eles só existem nos pensamentos.

Impossível ouvirem e caírem nos mesmos erros.

Calma, se acontecer hoje, amanhã estarão querendo novamente e assim sucessivamente, sempre querendo mais. Não está existindo aceitação pelos fatos que a vida oferece.

Tudo tem seu tempo, tudo tem sua hora, basta caminhar. É só aceitar e ser feliz.

Nas vinhas do Senhor todos beberão do vinho sagrado, da paz, da compreensão, do entendimento da luz.

Esta é a casa, está é a vinha, venham e bebam deste vinho que é alegria e paz para seus corações.

Aceitem as suas vidas com paz e bebam deste sagrado conhecimento".

JURUÁ
EDITORA

Esta obra foi impressa em oficinas próprias, utilizando um moderno sistema de impressão digital. Ela é fruto do trabalho das seguintes pessoas:

Professores revisores:
Adão Lenartovicz
Dagoberto Grohs Drechsel

Impressão:
Andrea L. Martins
Doreval Carvalho
Marcelo Schwb

Editoração:
Eliane Peçanha
Elisabeth Padilha
Emanuelle Milek

Acabamento:
Afonso P. T. Neto
Anderson A. Marques
Bibiane A. Rodrigues
Luciana de Melo
Luzia Gomes Pereira
Maria José V. Rocha
Nádia Sabatovski
Sueli de Oliveira
Willian A. Rodrigues

Índices:
Emilio Sabatovski
Iara P. Fontoura
Tânia Saiki

"Crer somente no possível não é fé, mas simples filosofia."
Sir Thomas Browne